JOSÉ LUIS NAVAJO

Destellos de sabiduría

UN VIAJE A TRAVÉS DE 7 SABIOS Y 70
REFLEXIONES TRANSFORMADORAS

Unilit

Publicado por
Unilit
Medley, FL 33166

Primera edición 2025

© 2025 por *José Luis Navajo*
Todos los derechos reservados.

Edición: Juan C. Martín
Maquetación: S. E. Telee
Diseño de cubierta: Pablo Montenegro

Producto: 495954
ISBN: 0-7899-2610-5 / 978-0-7899-2610-4

Categoría: *Vida cristiana / Crecimiento espiritual / General*
Category: *Christian Living / Spiritual Growth / General*

Impreso en Colombia
Printed in Colombia

Este libro es para ti, mamá.
Hoy, al observarte, supe que debía escribirlo. Tan limpio
estaba el vidrio que nos separaba que tuve la impresión
de que mi mano podría atravesarlo para acariciarte.
Tu gesto sereno, con la boca curvada en una dulce
sonrisa, proyectaba paz.
Detuve la mirada en tus párpados que, entornados,
delataban un dulcísimo sueño.
Todo habría sido perfecto de no ser porque tu reposo era
definitivo...
No abrirías ya tus ojos aquí, porque estos contemplan las
insondables praderas de tu eterna morada de paz.
Ante tu cuerpo inerte lo decidí: «Desabrocharé mi alma
—me dije— y liberaré todo lo que quedó por decir».

Contenido

Declaración
de intenciones

L as reflexiones de este libro, mamá, versarán sobre tu tema favorito: la Biblia.

En las últimas semanas hemos hablado mucho. ¿Recuerdas? Acercaba mi silla a la tuya de ruedas, convertida en tu domicilio permanente, y cruzábamos frases, reflexiones y pensamientos que nos enriquecieron mutuamente.

No podré olvidar la mañana en que me dijiste: «¿Sabes, hijito?», así me llamabas y me conmuevo al recordarlo, «algunos días me siento como PABLO: deseo escribir mensajes y cartas que animen a todo el mundo. Otras veces —y aquí tu voz bajó varios tonos—, me parezco más a JOB, con el deseo de partir de aquí, para olvidar el dolor y abrazar a Jesús.

»Hay ocasiones —añadiste— en que me parece ser JONÁS, queriendo huir de los peligros.

»A menudo soy como MOISÉS: me da miedo no saber qué decir ni cómo hacerlo.

»Amanecen días —reíste con ganas al decirlo— en los que me identifico con JOSUÉ y con CALEB, estoy más que preparada para la lucha.

»Pero hay mañanas en las que amanezco como JEREMÍAS: solo quiero lamentar.

»Algunos días me parezco a SALOMÓN —dijiste con una risa que sonó a música del cielo—, pero solo en que necesito que Dios me dé sabiduría.

»También me ha tocado llorar como ANA —añadiste, posando tu mano en la mía—. Ayer, sin ir más lejos, amanecí con una fe como la de ABRAHAM, lista para conquistarlo todo.

En este punto me enfocaste con una mirada transparente como el agua de un arroyo, y casi en un susurro confesaste:

«A veces me pregunto por qué soy tan variable en mis emociones. Y me parece escucharle decirme: "Como sea que te sientas, recuerda, yo estoy contigo porque te amo. El mundo vio en Moisés a un asesino, yo vi a un libertador. En David vieron a un niño, yo solo vi a un rey. Vieron en Juan a un loco, yo vi a un profeta... No importa lo que veas en ti. Yo te miro y veo un tesoro de valor incalculable"».

Querida mamá, estoy seguro de que coincidirás conmigo en que tales tesoros debemos compartirlos. Hubiera querido hacerlo contigo a mi lado, y en una enorme medida lo estás... Estás conmigo, latente en mi pensamiento y más viva que nunca en mi recuerdo.

Ya amontoné folios sobre mi escritorio para que juntos los emborronemos con la tinta de las emociones.

JUAN EL BAUTISTA

Los pasillos del hospital transpiran vacío. Corro por ellos huyendo del miedo, pero este corre conmigo como adherido a mi nuca.

Su imagen, la última que vi, me estremece. Aquella boca abierta, suplicando oxígeno, quedó grabada en mi retina como una lengua de fuego que abrasa. El corazón de mamá no funcionaba y sus pulmones reclamaban un aire que nunca llegó.

Fatigado de recorrer pasillos, regreso al poco rato.

Veo delante de mí y también a mi lado rostros, bigotes, ojos, narices, labios, pero con la indolencia con que se perciben los objetos de un escaparate a través de un cristal.

Estoy allí y, sin embargo, no estoy presente. Permanezco inmóvil y, no obstante, ocupado, pues no paro de musitar con labios mudos las palabras que ella me dijo en la despedida: «Te quiero, hijito».

En vano me sirven un café y unas galletas, lo dejo todo sin tocarlo. Esa necesidad de escuchar mi interior me paraliza como si durmiera con los ojos abiertos. A derecha e izquierda oigo palabras veladas que no llego a entender. Es como si todos hablaran en una lengua extranjera.

Solo quiero llegar a casa y dejar de pensar. Eso es lo que quiero, y lo logro muchas horas después.

Ya en mi dormitorio, apago la lámpara porque la luz vuelve los pensamientos demasiado claros y reales. Intento ocultarme, esconderme en la oscuridad, y arranco la ropa de mi cuerpo para respirar con más libertad. Me dejo caer sobre la cama, pero los pensamientos no descansan. ¡Qué verdad es que cuando el cuerpo se para la mente se dispara!

Los recuerdos se convocan en el portal de mi mente, y como murciélagos revolotean erráticos y fantasmagóricos alrededor de los sentidos fatigados. Hambrientos, como ratones, mordisquean y escarban en el plomizo cansancio.

Cuanto más tranquilo descanso, más agitado se vuelve el recuerdo... su recuerdo.

Mamá instándome a comer: «Te noto más delgado, toma, come, esto te gustará». Ella abrazándome con cariño: «Te echaba de menos, hijito». Las imágenes flamean en la oscuridad, de modo que me levanto de nuevo y enciendo la luz para ahuyentar los fantasmas.

Sobre la superficie de mi memoria flota el domingo cuando prediqué sobre Juan el Bautista. Llegué a casa con pesadumbre, convencido de que con muchas menos palabras pude haber dicho muchas más cosas. Ella, como si hubiese intuido mis emociones, me llamó en la noche para hacerme saber que mi predicación le había bendecido: «¡Cómo me bendijo tu mensaje!», aseguró. «Me hiciste amar al Bautista. Siempre imaginé a Juan como un tipo desaliñado que comía saltamontes. Hoy lo vi de otra manera; gracias, hijito».

Tus palabras, mamá, surtieron en mí un efecto curativo, pues me ocurre con frecuencia que, tras vaciarme en el púlpito, quedo sin defensas emocionales y muy vulnerable al desánimo.

Desde ese día me enfoqué en estudiar a fondo a ese hombre desaliñado que comía langostas de campo con miel silvestre, ¡y fue tanto lo que aprendí!

UN DEDO ÍNDICE
QUE SEÑALA A JESÚS

Al día siguiente, Juan vio que Jesús venía hacia él y dijo: «Miren, él es el Cordero de Dios que quita el pecado del mundo. A él me refería cuando dije: "Hay un hombre que viene después de mí que es más importante que yo porque existía antes que yo"».

JUAN 1:29-30, PDT

No es frecuente encontrar a personas que, pese a estar dotadas de carisma y de grandes dotes persuasivas, prefieran desviar de sí la atención para dar el crédito a otros. Por eso me conmueve la actitud de Juan cuando, señalando a Jesús, les dice a sus seguidores:

«No soy yo, es Él», su dedo índice apunta, imperturbable, al Mesías. «Solo Él puede, solo Él sabe, solo Él sirve... Solo Él es el verdadero sabio».

Probablemente conozcas la historia de aquel predicador que, al ocupar el púlpito para iniciar su disertación, vio una nota que alguien había dejado allí con la clara intención de que él la leyera: «Señor», decía el escrito, «quisiéramos ver a Jesús» (Juan 12:21).

La misiva era un claro recordatorio de que no era a él, sino a Dios a través de él, a quien necesitaban ver y escuchar.

Hace cuarenta y cinco años que predico el evangelio y todavía tiemblo cuando estoy ante el púlpito para presentar la Palabra. He cavilado mucho acerca de esta circunstancia. Reflexioné largamente buscando la causa de esa tensión que me quita el apetito y a veces me dificulta el sueño la noche antes de predicar. Incluso busqué ayuda para vencer ese incómodo pellizco que perturba mi estómago antes de la predicación.

Tras largas pesquisas he llegado a una clara conclusión: mi desasosiego no está tan relacionado con el miedo escénico como con la certeza de que frente a mí habrá personas con preguntas que precisan una respuesta y con cargas que requieren de alivio y sanidad.

Soy plenamente consciente de que tal función —la de traer respuesta, alivio y sanidad— supone un vuelo excesivamente alto para mis cortas alas y una hipoteca desmesurada para el capital de que dispongo. Esa percepción me lleva a doblar mis rodillas, suplicando que sea Dios el que ministre e intervenga.

Señor, quisiéramos ver a Jesús.

JUAN 12:21

Quienes nos escuchan necesitan ver a Dios en nuestras palabras y aún más en nuestros actos.

No dirijo este mensaje solo a quienes ocupamos púlpitos o estrados, sino a todos, pues nuestra vida —la de todos, sin excepción— es un mensaje constante que los demás ven, leen y escuchan.

Es probable, conviene tenerlo en cuenta, que el único evangelio que muchos leerán será el que vean en nuestras vidas. Dios quiera que, al mirarnos, descubran un comunicado genuino, convincente y persuasivo; que Cristo sea visto en los cristianos, y el camino de salvación sea leído en las vidas de los salvados.

Lo oigamos o no, seamos o no conscientes de ello, el mundo nos grita cada día: «Quisiéramos ver a Jesús» (Juan 12:21).

Una de las maneras más eficaces de que lo vean a Él cuando nos miren es siendo transparentes y limpios como el cristal.

No aspiremos a ser espejos que nos proyecten, sino ventanas que se asomen al corazón de Dios.

Veo en Juan a una persona extraordinariamente sencilla y, por eso, sencillamente extraordinaria.

Miren, él es [...]. A él me refería.

JUAN 1:29-30 PDT

LA VOZ DE UNO...

Le dijeron [a Juan el Bautista]: ¿Pues quién eres? para que demos respuesta a los que nos enviaron. ¿Qué dices de ti mismo? Dijo: Yo soy la voz de uno que clama en el desierto: Enderezad el camino del Señor, como dijo el profeta Isaías.

JUAN 1:22-23

Juan, conocido como «el Bautista», fue primo de Jesucristo y precursor del Mesías; bautizó al Salvador e incluso hay quien afirma que el mismo Jesús fue discípulo de Juan. El Señor se refirió a él como el más grande «entre los nacidos de mujeres» (Lucas 7:28). Sin duda, el historial profesional, religioso y humano del Bautista era impresionante.

¡Qué difícil resumir un currículum tan amplio en pocas palabras!

Un día, un grupo de personas lo buscó.

«¿Quién eres?», le preguntaron. «Dinos, ¿cómo te defines a ti mismo?».

¿Cómo contestó?

¡Acércate! ¡Justo ahora está respondiendo!

«Soy la voz de uno que clama en el desierto».

¿Lo oíste?

«Soy la voz de uno...». Es todo lo que dice acerca de sí mismo.

Pudo haber exhibido credenciales, certificados, acreditaciones y reconocimientos, pero solo dice: «Soy la voz de uno que clama en el desierto».

13

Juan sabe dos cosas: que él es un mensajero y que tiene un mensaje para llevar.

¿Ves que hay dos elementos en la ecuación? Mensajero y mensaje.

No dijo «soy uno cuya voz clama...», sino «soy la voz de uno...». Atento al orden, porque es intencional: primero la voz, luego el portavoz. Antepone el mensaje al mensajero.

Espero que mi razonamiento no esté resultando abstracto, porque el principio que intento transmitir es de gran importancia.

De estos dos elementos —mensaje y mensajero—, ¿cuál debe ir primero? ¿Qué tiene más importancia? Te aseguro que, en este caso, el orden de los factores sí altera el producto... Lo altera mucho.

La prioridad con la que categorice estos conceptos será un claro síntoma de qué tiene para mí más relevancia, ¿el mensaje o el mensajero?

Lo que intento decir es que hay una tensión constante entre el mensajero de Dios y el Dios del mensajero.

Si doy relevancia al mensajero, mi máximo interés se centrará en mí, en captar la atención, en acicalar mi imagen y en ganar posiciones a través de mi exposición.

Pero si otorgo prioridad al mensaje, centraré en él mi atención. Será eso lo que cuide y lo que prevalezca mientras lo expongo. Será el mensaje lo que brille, lo que atraiga y capte la atención.

Si a esto añadimos que Jesús es el Verbo —la Palabra— de Dios, concluimos que el mensaje es Él, y el mensajero es únicamente el megáfono que amplifica el sonido del cielo o el espejo que refleja la presencia de Dios.

Es fundamental entender que la preeminencia le corresponde a Él por legítimo derecho.

Solo hay un trono en esta escena, y el título de propiedad lo tiene Jesús.

Solo cuando el mensaje alcanza más relieve que quien lo proclama, el mensajero comienza a ser eficiente.

Sobre un púlpito, estrado, altar o escenario, a veces vemos a un mensajero, porque lo que prevalece es el factor humano; pero en otras ocasiones distinguimos un claro mensaje de Dios, porque lo que destaca es el factor cielo. Todo depende de la dimensión que cobra el mensaje y de la que adquiere el mensajero.

Juan, al ser interrogado acerca de su identidad, no destacó su nombre, sino la voz. Su persona no era otra cosa que el canal, el conducto, el medio por el que la voz se proyectaba. Solo quienes antepongan el mensaje a su propia persona lograrán proyectar el carisma divino e impregnarán su entorno con aroma de cielo.

Hablar bien es un talento, pero ser emisario del cielo es un don altísimo que se adquiere con la divisa de tiempos de intimidad con Dios.

Juan se define a sí mismo como una sencilla voz y, posteriormente, Jesús define a Juan como el más grande «entre los que nacen de mujer» (Mateo 11:11).

Porque el que a sí mismo se enaltece será humillado y el que se humilla será enaltecido..

MATEO 23:12, NVI

¿Dónde radica la grandeza? ¿En la magnitud del mensajero o en la importancia del mensaje?

«Es necesario que él crezca, pero que yo mengüe» (Juan 3:30). Así lo explicó Juan, dando la clave del verdadero triunfo: no somos estatuas, sino pedestales que alzan al Único monumento.

Jesús es el mensaje. La verdadera grandeza radica en Él. Es necesario que Él crezca y que el mensajero decrezca hasta perderse dentro del mensaje y convertirse solo en una voz: la de Dios. Es entonces cuando aparece la respuesta para el mundo, y el sosiego en toda tempestad.

¿Recuerdas nuestra reflexión anterior?: «Señor, quisiéramos ver a Jesús».

Dios quiera que siempre nos sintamos receptores de una petición así, porque el mundo grita, incluso desde su silencio, «necesitamos ver a Jesús».

Yo solo tengo preguntas, Él solo tiene respuestas.

Solo Dios es, solo Dios puede, solo Dios sabe. Solo Dios es el verdadero sabio.

Y yo, si fuere levantado, a todos atraeré a mí mismo.

JUAN 12:32

CUANDO LA FE SE VUELVE DUDA

Llamando Juan a dos de sus discípulos, los envió a preguntar al Señor diciendo: ¿Eres tú el que ha de venir, o esperamos a otro?

LUCAS 7:19, LBLA

E ste versículo nos sitúa frente a un Juan anegado en dudas. Quien ayer sumergía a cientos en las aguas del bautismo hoy se ve sumido en un mar de incertidumbre.

Juan dudaba. Y no me refiero a titubeos, una leve desconfianza o inocentes recelos. Juan tenía una duda que hacía tambalearse la estructura de su vida. Él nació con un propósito definido y para una sola cosa: ser precursor del Mesías.

Míralo ahora y, sobre todo, escúchalo... «¿Eres tú el que ha de venir, o esperamos a otro?».

¡Está dudando de que Jesús, a quien anunció, proclamó y presentó como Mesías, en realidad lo sea!

Su certeza se agrieta y sus convicciones se ven dinamitadas.

Estuve a punto de juzgar a Juan, pues sus dudas me hicieron sentir incómodo. No me gusta mirar a los ojos titubeantes de este siervo; prefiero al que predicaba con incuestionable autoridad, profiriendo frases que chorreaban convicción.

Hoy su voz es un susurro que desborda dudas: «¿De verdad será Jesús quien dice ser?».

Sí, estaba a punto de juzgarlo cuando, de pronto, me di cuenta de que a mí me ocurre lo mismo que al Bautista: a menudo mis certezas se vuelven frágiles y los pilares de mi vida se convierten en espuma.

Sin ir más lejos, aquel día acudí a uno de mis mentores durante una de mis noches del alma.

—Sufro una crisis de fe —confesé—. Han ocurrido cosas que me hacen dudar de que Dios me ame.

Guardé un silencio prolongado, considerando si era mejor callar, pero al final añadí:

—Dudo incluso de que en verdad Dios exista.

Ahora sí, agaché la cabeza consciente de la gruesa frase que acababa de pronunciar y esperando una severa reprimenda por mi falta de fe.

—Te comprendo perfectamente —me dijo con desbordante empatía—, y debes saber que a todos, también a mí, nos llegan esas etapas. Todos atravesamos bosques que nos impiden ver el sol, e incluso noches en las que no hay ni luna ni estrellas.

Lo dijo con tanta sinceridad como naturalidad. La respuesta de mi interlocutor penetró por mis oídos hasta posarse en mi alma con la suavidad de una pluma.

—Gracias por no juzgarme —dije; de verdad estaba agradecido.

—¿Juzgarte? —replicó, mirándome sorprendido—. ¡Jamás! He aprendido que, si alguien nos abre el lado oscuro de su corazón, no debemos juzgarlo. Lo abre porque necesita desesperadamente que entre la luz.

Tomó entonces su Biblia, que hojeó con gran agilidad.

—Mira lo que dice aquí. —Él mismo lo leyó—: "Y no apareciendo ni sol ni estrellas por muchos días, y acosados por una tempestad no pequeña, ya *habíamos perdido toda esperanza* de salvarnos" (Hechos 27:20).

Me miró con fijeza y volvió a leerlo, haciendo en esta ocasión un gran énfasis en la última frase: «Habíamos perdido toda esperanza de salvarnos».

—¿Te das cuenta? —dijo, había un brillo magnífico en su mirada—. Quien relata esta historia es Lucas, amigo íntimo y fiel colaborador del apóstol Pablo. Este escritor se caracteriza por su precisión y rigor al escribir. Tanto este libro que conocemos como Hechos de los Apóstoles como el que se considera su primera parte, el Evangelio de Lucas, tienen una narrativa concisa, clara y concreta.

Giré hacia mí la Biblia que mi amigo sostenía y leí para mis adentros la porción que él había declamado. Respetó mi silencio por un lapso de tiempo, al cabo del cual añadió:

—Cuando Lucas asegura que habían perdido toda esperanza, quiere decir que estaban desesperados —explicó. Y, por si no fuese suficientemente obvio, aclaró—: Desesperación no es otra cosa que la pérdida de la esperanza.

Un charco de silencio se creó entre ambos, y sumergido en él, yo reflexionaba. Dos cosas obraron como bálsamo en aquella tibia tarde del mes de mayo: la primera fue la comprensión de mi amigo. Escuchó mis severas dudas sin considerarlas ofensas. No me vio como un descreído, sino como un herido. La segunda fue que no apreció en mí a un desertor que merecía juicio, sino a un soldado que necesitaba descanso.

Tal vez hoy te encuentres al límite de tus fuerzas o estés sumido en el corazón de la incertidumbre. Recuerda, no dudas porque seas pecador... dudas porque eres humano.

Dios no te mira con juicio, sino con amor en estado puro.

PREDICA LA FE HASTA QUE LA TENGAS
Y LUEGO PREDÍCALA PORQUE LA TIENES

*Llamando Juan a dos de sus discípulos, los envió a preguntar al
Señor, diciendo: ¿Eres tú el que ha de venir, o esperamos a otro?*

LUCAS 7:19, LBLA

Regresemos, te lo ruego, a aquel tibio atardecer de mayo cuando uno de mis mentores, con el bisturí de la gracia, diseccionaba mi alma.

Caía la tarde, ensombreciendo por igual el paisaje, pero en mi alma amanecía. La comprensión de mi amigo fue curativa, y la manera como me condujo a la Biblia no solo resultó didáctica, sino muy reconfortante.

—Mira lo que dice aquí. —Él mismo lo leyó—: "Y no apareciendo ni sol ni estrellas por muchos días, y acosados por una tempestad no pequeña, ya *habíamos perdido toda esperanza* de salvarnos" (Hechos 27:20).

Lo leí varias veces para mis adentros, hasta que mi mentor reflexionó:

—Cuando Lucas asegura que habían perdido toda esperanza de salvarse, quiere decir que estaban desesperados.

Asintiendo con movimientos de cabeza admití:

—Que alguien como Lucas reconozca no tener esperanza es un gesto de sinceridad...

—Y no solo lo reconoció, sino que al escribirlo guardó registro para la posteridad —advirtió mi amigo—. Pero no fue solo Lucas, él está hablando en nombre de Pablo, una persona, si cabe, de mayor relieve. Todos esos personajes a los que llamamos "grandes siervos de Dios" —dijo, pero se calló de pronto y rompió a reír—. ¿Escuchaste la incoherencia que acabo de pronunciar? —preguntó, y la recalcó—: "Grandes... siervos". La propia frase

19

es una contradicción... O eres grande o eres siervo. Ambas expresiones no caben en la misma frase. Bueno, a lo que iba, cuantos sirven a Dios, todos sin excepción, tuvieron momentos de desesperanza y eso no los descalificó, pues siguieron adelante cumpliendo la misión que se les había encomendado.

Volvió a hojear su Biblia, que se veía gastada, de páginas amarillentas que se rizaban por los bordes; muchos márgenes estaban escritos y los versículos, subrayados. Era evidente que aquel libro era sometido a un uso febril y constante.

—Lee tú mismo —me pidió, aproximando la Biblia y poniendo su dedo índice sobre las líneas escogidas.

Aguzando la vista para identificar los pequeños caracteres, me enfrasqué en la lectura:

Hermanos, no queremos que desconozcan las aflicciones que sufrimos en la provincia de Asia. Estábamos tan agobiados bajo tanta presión que hasta perdimos la esperanza de salir con vida: nos sentíamos como sentenciados a muerte. Pero eso sucedió para que no confiáramos en nosotros mismos, sino en Dios, que resucita a los muertos.

2 Corintios 1:8-9, NVI

—¿Y bien? —dijo, mirándome con una magnífica sonrisa—. ¿Qué descubres en lo que leíste?

—"Estábamos tan agobiados bajo tanta presión que hasta perdimos la esperanza" —recité de memoria—. Sigue creciendo el club de los desesperados —dije con una sonrisa—. Por si tuviéramos dudas de que Lucas habló en nombre de Pablo, ahora él mismo lo confiesa.

—¡Exacto! —dijo, y palmeó mi espalda en una efusiva felicitación—. Pero no por eso se rindió, sino que convirtió su desesperanza en un corredor que lo acercó al corazón de Dios.

Dirigió su mirada a la Biblia y leyó:

—"Sucedió para que no confiáramos en nosotros mismos, sino en Dios". Así lo dijo.

Ahora moví mi cabeza de lado a lado.

—No puedo ser tan optimista como Pablo —reconocí—. Me gustaría, créeme, pero no lo consigo. Soy incapaz de predicar en medio de tanta duda —confesé.

»Anteayer me invitaron a dictar unas conferencias sobre la gracia de Dios, pero no acepté —dije, moviendo mi barbilla de hombro a hombro—. No sé predicar sobre la gracia cuando me siento en desgracia. Me parece deshonesto hablar de una fe que no tengo.

Se inclinó hacia mí para posar su mano en mi antebrazo, y entonces lo dijo:

—Predica la fe hasta que la tengas, y luego predícala porque la tienes —habló con sencillez, como quien pronuncia una frase irrelevante, pero la sentencia penetró en mi mente con la contundencia de un disparo.

Me abrazó en la despedida y entonces asimilé que, de todas las cosas que podemos hacer con los brazos, abrazar es probablemente de las más terapéuticas e importantes.

Mil veces he evocado el consejo de mi amigo:

Predica la fe hasta que la tengas, y luego predícala porque la tienes.

Dudar está permitido, lo peligroso es abandonar.

—Cuando no veas su mano, confía en su corazón —me dijo sosteniendo aún el abrazo—. Si no escuchas su voz, recuerda el eco de sus promesas. Cuando no le sientas, cree en lo que Él dijo. Si no lo encuentras hoy, recuerda sus palabras de ayer y cree firmemente que volverás a oírlo mañana.

Predica la fe hasta que la tengas, y luego predícala porque la tienes.

Tus peores finales pueden representar los mejores comienzos. A veces se necesita fallar estrepitosamente para empezar a tener éxito.

CONSTRUYAMOS PUENTES
CON EL MATERIAL DE LA DUDA

Llamando Juan a dos de sus discípulos, los envió al Señor,
diciendo: ¿Eres tú el que ha de venir, o esperamos a otro?

LUCAS 7:19, LBLA

Es importante saber que el tetrarca Herodes Antipas había encarcelado a Juan el Bautista. Su cautiverio tuvo lugar en la temible prisión de Maqueronte, una cárcel de máxima seguridad, alta brutalidad y mínima humanidad.

Los Evangelios mencionan a dos mandatarios que ostentaron el nombre de Herodes: Herodes el Grande y su hijo, Herodes Antipas. El primero gobernó tiránicamente el país desde el año 37 antes de Cristo, y a él se atribuye la matanza de los niños con la que intentó terminar con la vida de Jesús. A la muerte de Herodes el Grande, acaecida cuatro años después del nacimiento de Jesús, el país se dividió entre sus tres hijos. Herodes Antipas, el menor de ellos, fue contemporáneo de Juan el Bautista y de Jesús, y Roma lo puso como gobernador de Galilea y de la zona de Perea, en la orilla oriental del Jordán. El título que Roma le dio fue el que daba a los gobernantes de territorios pequeños: Tetrarca. Pero el pueblo siempre lo llamó «rey» Herodes.

Aunque Herodes Antipas estaba casado con una princesa árabe, se hizo amante de Herodías, esposa de su hermano Filipo, lo que llegó a provocar una guerra fratricida, pues ambos hermanos terminaron enfrentándose a muerte.

Los datos históricos que se tienen de Herodes Antipas lo describen como extremadamente cruel con todos los que se le oponían y también muy supersticioso, en especial con las cuestiones de religión. En nombre de Roma, Herodes Antipas cobraba altísimos impuestos en el territorio de Galilea y de Perea, y luego en las fiestas judías cumplía con las normas religiosas y se trasladaba a sus palacios de Jerusalén para acudir al Templo.

Recordemos que fue este gobernante, que conjugaba la crueldad con la superstición, quien tuvo retenido a Juan el Bautista. Maqueronte fue una de las fastuosas fortalezas que construyó el padre de Antipas para controlar a sus súbditos. Esta fortaleza se levantó al sudeste de la desembocadura del Jordán en el mar Muerto. En este lugar se encontraba la fortaleza donde, según los escritos de Flavio Josefo, Herodes Antipas construyó una prisión de máxima seguridad, y fue en ella donde encerró a Juan el Bautista por el simple hecho de que este le reconvino por la relación de adulterio que Antipas mantenía con Herodías, su cuñada.

¿Fue esa denuncia de Juan una actitud de entremetimiento morboso? ¡No! El Bautista denunciaba esa relación por ser pecaminosa y porque intuía claramente la guerra fratricida que podía provocar, y que al final provocó, de modo que se confirmó que somos libres de tomar decisiones, pero cautivos de las consecuencias.

Tras largo tiempo de cautiverio en aquellas inhumanas condiciones, Juan pide ser visitado por dos de sus discípulos, y es entonces cuando llegamos al versículo que abre nuestra reflexión de hoy:

> *Llamando Juan a dos de sus discípulos, los envió al Señor, diciendo: ¿Eres tú el que ha de venir, o esperamos a otro?*

> LUCAS 7:19, LBLA

Fíjate en el aroma de duda que exhala la pregunta de Juan.

¿Es posible que a esas alturas el Bautista dudase de que Jesús fuera el Mesías?

Lo es...

Todos, tarde o temprano, en mi opinión más temprano que tarde, aprendemos que nuestra fe, por firme que sea, puede llegar a resquebrajarse a golpe de adversidad. A veces nuestra confianza en Dios no es tan fuerte como quisiéramos, y surgen dudas y temores que nos abruman hasta el punto de socavar los cimientos de nuestras convicciones. No deberíamos sentirnos mal si eso llegase a ocurrir, y haremos bien en no prestar oído al comité de desalentadores que nos tachará de infieles por expresar nuestra vacilación. *En ocasiones, la verdadera gracia viene envuelta en aparente desgracia. Cree, confía y declara que así será con tu historia. Con Dios jamás una desgracia será la última noticia y, si ahora respiras infortunio, quedan aún noticias por llegar.*

Que tengamos problemas no significa que seamos malas personas. Significa que somos personas. No significa que seamos seres humanos perversos; significa que somos seres humanos.

La Biblia es clara al afirmar que a la gente mala le suceden cosas buenas y algunas veces le suceden cosas malas a la gente buena. Los valles de dolor son imparciales. No les importa cuán buenos o malos seamos.

[Dios] que hace salir su sol sobre malos y buenos, y que hace llover sobre justos e injustos.

MATEO 5:45

Cuando atravesamos tiempos difíciles, nuestra primera reacción suele ser: «¿Por qué a mí?», pero realmente deberíamos preguntar: «¿Por qué no a mí?».

Existe un antiguo proverbio árabe que dice: «Sol constante, sin lluvia, crea un desierto». Si en nuestra vida nunca hemos tenido tiempos tristes, tiempos oscuros o tiempos sombríos, estaremos secos. Además, faltará profundidad en nuestro ser y madurez en nuestra vida.

Alguien me dijo en una ocasión: «No te fíes demasiado de las palabras de un hombre que no tiene cicatrices».

Enfrentar la adversidad y aprender a gestionarla da peso a nuestra vida y credibilidad a nuestro mensaje.

EN EL VALLE DE LA DUDA

¿Eres tú el que ha de venir, o esperamos a otro?

LUCAS 7:19, LBLA

E l Bautista está encarcelado. Intenta visualizarlo, por favor. ¿Puedes verlo sumido en la humedad de una celda y sujeto con grilletes metálicos y cubiertos de óxido? Mientras tanto, el ministerio de su primo, Jesús, crece y se expande...

¿Alguna vez te sentiste prisionero de circunstancias, preocupaciones o fracasos, y a través de los barrotes de tu prisión viste cómo la vida, la economía y el ministerio de otros florecían?

Gozaos con los que se gozan; llorad con los que lloran.

ROMANOS 12:15

No solemos tener dificultades con la segunda parte del texto bíblico: es relativamente fácil conmoverse con el dolor de otros, pero seamos sinceros, ¿verdad que resulta más difícil gozarnos del éxito ajeno mientras lo contemplamos desde la atmósfera sombría de nuestro encierro? Alguien dijo: «Encontrarás a muchos dispuestos a perdonar tus errores, pero solo los verdaderos amigos perdonarán tus éxitos. Y hasta se alegrarán y aplaudirán por ellos».

Cuidado, no quiero decir que Juan lamentase el éxito de Jesús. Estoy convencido de que se alegraba en el triunfo de su primo, pero observarlo desde la humedad de la celda era difícil. Juan el Bautista no era semidiós ni superhombre. Estaba hecho de carne, hueso y emociones, por eso tropezó con sus dudas. Desde la cárcel no podía hablar directamente con el Señor, por lo que mediante emisarios le trasladó una pregunta:

¿Eres tú el que ha de venir, o esperamos a otro?

LUCAS 7:19, LBLA

¡Espera, Juan! ¿Cómo dijiste?

¿Acaso dudas de quién era Jesús?

¿Eres el mismo que anunció con voz de trueno y sin ápice de duda: «Este es el Cordero de Dios»?

¿No eres el que bautizó a Jesús y vio el cielo abierto y al Padre declarando: «Este es mi Hijo amado, en quien tengo complacencia; a él oíd»?

También en esa escena intervino el Espíritu Santo dejándose ver en la forma de una paloma... La Trinidad intervino, en directo y a todas luces. Lo hizo ante ti, ¿y ahora dudas?

Pues sí, el que bautizaba en el Jordán es el mismo que ahora pregunta: «¿De verdad eres el Mesías?».

Vio, escuchó y predicó revestido de certezas. Ahora lo sobrecogen, empapan y estremecen las dudas.

La duda de Juan y la respuesta de Jesús componen un binomio que vale la pena analizar. La fe de Juan fue golpeada porque lo que veía parecía contrario a lo que esperaba de Jesús.

Si el Mesías iba a traer justicia, ¿por qué estoy injustamente encadenado?

Si el Mesías iba a dar libertad a los cautivos, ¿por qué me consumo en cautividad?

Juan era tan humano como tú, como yo y como cualquiera de nuestros vecinos. Él esperaba que Dios obrase de otra forma. «¡Jesús, menos misticismo y más pragmatismo!».

Juan dudó y por eso preguntó.

Cuando llegue al cielo quiero ver a este hombre: «Gracias, Juan —le diré—, porque con el material de tus crisis construiste un puente que me sacó de las mías. Con la tinta de tus dudas redactaste firmes sentencias y me regalaste conclusiones:

- dudar no es un acto criminal, sino una actitud lógica. No dudo porque sea pecador, dudo porque soy humano.

- en el corazón de la duda es lícito y acertado preguntar: ¿Eres tú, de verdad?
- *pero las dudas íntimas no solo hay que formularlas, sino elegir bien a quién se las formulo. Sí, Juan, tu gran acierto fue arrastrar tus dudas hasta los pies del Señor. Hay noches del alma en las que el único interlocutor debe ser Él.*

DIFÍCIL PREGUNTA
Y MARAVILLOSA RESPUESTA

Llamando Juan a dos de sus discípulos, los envió al Señor, diciendo: ¿Eres tú el que ha de venir, o esperamos a otro?

LUCAS 7:19, LBLA

Permíteme describir la sabia actuación de Juan el Bautista desde su encierro en la aterradora prisión de Maqueronte:

- *Expresó sus dudas.* En la soledad de su prisión decidió que no se quedaría a solas, por eso llamó a dos de sus discípulos para conversar con ellos. Se dio cuenta de que el aislamiento prolongado es nocivo para la salud. Como escritor, necesito la soledad; como melancólico, la disfruto; y como nostálgico, la amo; por eso procuro recordar siempre que la soledad en su justa medida es vital, pero en una sobredosis puede resultar letal. Toma sorbos de soledad, pero huye de las sobredosis. Juan entendió que, si se quedaba a solas con sus dudas, se quedaba en mala compañía, por eso llamó a unos amigos. No importa lo larga que sea nuestra trayectoria ni la gran madurez que hayamos alcanzado; necesitamos estar conectados con otros.
- *Mediante esos amigos que lo visitaron en prisión, orientó sus dudas a la diana adecuada.* Llamó a sus amigos y pasó un tiempo con

ellos, pero dirigió sus preguntas al corazón de Jesús. «Llamando Juan a dos de sus discípulos, *los envió al Señor, diciendo:* «¿Eres tú el que ha de venir, o esperamos a otro? (Lucas 7:19, LBLA, énfasis añadido).

No fue en los amigos donde se vació, sino que a través de ellos volcó sus temores en el Señor.

Juan me hace comprender que las personas me pueden acompañar, escuchar, consolar..., pero que la respuesta está en Él. Si pongo mis esperanzas en personas, terminaré frustrado; pero si traslado mis expectativas a Jesús, seré restaurado.

A través de sus amigos, Juan trasladó sus preguntas a Jesús.

¿Contestó el Maestro?

¡Por supuesto que lo hizo! Él siempre responde.

Ahora bien, la respuesta de Jesús puede ser inesperada y también desconcertante. La contestación que llegó a Juan no fue la que esperaba; sin embargo, resultó asombrosa: «Id y contad a Juan lo que habéis visto y oído: los ciegos reciben la vista, los cojos andan, los leprosos quedan limpios y los sordos oyen, los muertos son resucitados y a los pobres se les anuncia el evangelio. Y bienaventurado es el que no se escandaliza de mí» (Lucas 7:22-23, LBLA).

La respuesta me parece maravillosa. En primer lugar, Jesús no le reprocha a Juan sus dudas. La forma en la que Jesús contesta no denota decepción ni va cargada de recriminaciones. El Señor no libera juicio, sino comprensión a raudales. En los sombríos momentos de la duda, Él no nos descalifica, sino que muestra su amor en dosis gigantescas.

En segundo lugar, la de Jesús es una respuesta maravillosa porque le explica a Juan que el Mesías está haciendo justo lo que vino a hacer. Nada ha cambiado en el plan redentor. Las señales milagrosas siguen y el evangelio se está predicando.

«Juan», parece decirle el Señor, «descansa y confía. Fuiste fiel en cumplir tu misión, y lo que ahora no puedes hacer lo estoy haciendo yo. *Llegaste hasta donde pudiste, ahora es mi turno. Hiciste lo natural, yo me ocupo de lo sobrenatural. Tú tienes preguntas, yo solo tengo respuestas. Tus alas se quebraron, volarás ahora sobre las mías».*

Hay una tercera cosa maravillosa en la respuesta que el Señor dirigió a Juan: Jesús lo exhorta a no encontrar tropiezo en la forma en que está llevando a cabo la obra de redención: «Bienaventurado es el que no se escandaliza de mí».

¿Qué significan esas palabras?

El doctor Erwin Lutzer me ayudó a interpretar esta solitaria bienaventuranza, explicándola así: «Bienaventurado el que comprende que debemos confiar en el corazón de Dios cuando no podemos comprender su mano; bienaventurado el que sabe que debemos mantener un reverente temor ante la presencia del misterio de los propósitos de Dios. Bienaventurado el que sigue creyendo, pase lo que pase. Bienaventurado el que permite que Dios sea Dios».

¿Podemos decir que esa bienaventuranza es también para nosotros?

DE LA GLORIA A LA BANDEJA

Pero cuando se celebraba el cumpleaños de Herodes, la hija de Herodías danzó en medio, y agradó a Herodes, por lo cual este le prometió con juramento darle todo lo que pidiese. Ella, instruida primero por su madre, dijo: Dame aquí en un plato la cabeza de Juan el Bautista. Entonces el rey se entristeció; pero a causa del juramento, y de los que estaban con él a la mesa, mandó que se la diesen, y ordenó decapitar a Juan en la cárcel. Y fue traída su cabeza en un plato, y dada a la muchacha; y ella la presentó a su madre.

Entonces llegaron sus discípulos, y tomaron el cuerpo y lo enterraron; y fueron y dieron las nuevas a Jesús.

MATEO 14:6-12

Conocí a una persona que dejó una huella indeleble en mi vida. En su mirada se conjugaban diversas emociones, entre las que destacaban la tristeza y la determinación. El cabello, prematuramente blanco, evocaba nieves caídas en heladores inviernos. Supe de inmediato que aquel hombre portaba severas cicatrices.

«¿Cuál es tu propósito en la vida?», le preguntaron.

«¿Qué objetivos persigues?».

Agachó un momento la cabeza y guardó silencio mientras componía su respuesta, luego miró fijamente a su interlocutor para responder:

«Sobrevivir al suicidio de mi hija Ariadna es la montaña que escalo cada día».

Lo dijo con voz firme, y una gran determinación se proyectaba en su mirada. Incluso fabricó una mueca que intentaba ser una sonrisa. Recordé lo que alguien, no sé quién ni cuándo, me dijo: «Quien sonríe no siempre está feliz. Hay lágrimas en el corazón que nunca alcanzan los ojos».

«Ariadna llevaba tiempo sin dormir bien», explicó este padre quebrantado por el golpe más duro que puede darnos la vida», le costaba concentrarse y estudiar. Muy preocupados, la llevamos al psicólogo y al médico de cabecera, que le recetó ansiolíticos y antidepresivos para que se los tomara "directamente cuando se sintiera mal"», contó, ahora la resignación empapaba sus palabras. «Y volvió a sentirse mal porque realmente nunca dejó de estarlo. Pese a la terapia y la medicación, aquel camino de oscuridad seguía abriéndose a su paso. No pudo seguir. El 24 de enero de 2015 se quitó la vida. Acababa de cumplir dieciocho años.

Olga y Carlos, los padres de Ariadna, dedican ahora su vida a la labor de prevenir el suicidio en adolescentes y jóvenes. Han decidido convertir sus lágrimas en pañuelos que enjuguen las de otros, y el dolor propio en terapia ajena.

Esta historia me hizo evocar a Sócrates: «Lo más terrible se aprende enseguida, y lo hermoso nos cuesta la vida». ¡Qué razón tuvo el filósofo griego!

Cuando la tragedia es inevitable, toca ingerirla y luego es preciso digerirla. El duelo, llorar a raudales, incluso gritar, no es un error, ni tampoco una opción, sino una absoluta necesidad. No creo en la ultraespiritualidad que señala las lágrimas como un síntoma de falta de fe. *Cuando algo o alguien te lastime, llora si lo necesitas... Llora cuanto necesites... Llora un río, pero luego construye un puente y supéralo. Dios estuvo, está y estará contigo.* No nos quedemos anclados en el dolor, convirtámoslo en un peldaño. Los buenos recuerdos perfuman el alma y resultan curativos, no permitamos que los que hieden e intoxican los desplacen.

Hay episodios en la vida que tienen un final inesperadamente atroz y atrozmente inesperado.

El texto de la Biblia que encabeza la reflexión de hoy es, sin duda, uno de los cierres más desconcertantes e inesperados de la historia: «Y ordenó [Herodes] decapitar a Juan en la cárcel. Llevaron la cabeza en una bandeja y se la dieron a la muchacha, quien se la entregó a su madre. Luego llegaron los discípulos de Juan, recogieron el cuerpo y le dieron sepultura. Después fueron y avisaron a Jesús» (Mateo 14:10-12, NVI).

Si se tratase de una novela y yo fuera el escritor, no habría escogido un desenlace así. Resulta cruento y desalentador ver a un protagonista bondadoso y fiel morir de esta manera.

¿Lo recuerdas predicando seguro y desafiante? ¿Puedes verlo bautizando a los creyentes y preparando el camino para el Mesías?

Puedo visualizar la escena de Juan bautizando a Jesús, y a ambos escuchando la voz que provino del cielo, cuando el Padre se hizo presente para ratificar aquel acto mientras el Espíritu Santo intervenía posándose sobre el Mesías (Mateo 3:16-17).

Me resulta insufrible ver ahora su cabeza sobre una bandeja para complacer el capricho de una niña y la insondable maldad de una mujer.

¿Es posible que alguien que desarrolló una obra tan preciosa muera de una forma tan cruel?

Di mil vueltas a este asunto y me sorprendió la conclusión: esa misma pregunta e idénticas dudas surgen cuando analizamos la trayectoria de Jesús: *¿es posible que alguien que desarrolló una obra de tal calibre muera de una forma tan cruel?*

A menudo, los cristianos confundimos éxito con victoria.

Volvamos la mirada al Gólgota, donde ajustician a Cristo de manera injusta. ¿Ves éxito en la escena? ¿Hay multitudes? ¿Se está exaltando y alabando a Jesús?

Lo que allí hay es burla, escarnio y, al final, la muerte. No hay éxito, pero allí está la más contundente victoria.

En Juan el Bautista, lo mismo que en Jesús, se muestra la diferencia entre «dar» y «darse». Ambos escribieron una historia de sacrificio y entrega absoluta, y esas epopeyas suelen escribirse con la sangre propia.

Juan pasó de la gloria a la bandeja.

Del triunfo del Jordán al plato de Herodías.

Ni siempre las grandes proezas concluyen con un final luminoso, ni todos los finales sombríos representan una derrota. A menudo, los trofeos más sublimes yacen cobijados en los pliegues de las sombras.

FE ES EL PÁJARO QUE CANTA CUANDO TODAVÍA NO HA AMANECIDO

Y ordenó [Herodes] decapitar a Juan en la cárcel. Y fue traída su cabeza en un plato, y dada a la muchacha; y ella la presentó a su madre. Entonces llegaron sus discípulos, y tomaron el cuerpo y lo enterraron; y fueron y dieron las nuevas a Jesús. Oyéndolo Jesús, se apartó de allí en una barca a un lugar desierto y apartado.

Mateo 14:10-13

En mi caminar con Dios he podido asimilar determinados valores importantes:

- Aprendí que la fe convierte la adversidad en oportunidad y al dolor en un maestro, porque con la fe, las dos opciones que nos ofrece la vida no son ganar o perder, sino ganar o aprender.
- Aprendí que, caminando en fe, incluso cuando caigo lo hago hacia adelante, convirtiendo el tropiezo en un paso más hacia la meta.
- En fin, he aprendido que fe es mirar la noche y verla como el útero donde se gesta un nuevo día. Fe es vivir el invierno como la antesala de una nueva primavera y confiar en que frente a un monte grande solo es necesaria una determinación más grande todavía.

Leí que Dios escribe derecho sobre renglones torcidos. Debo confesar que en mi trayectoria vital he podido comprobar que también hay ocasiones en las que Dios escribe sentencias que se nos antojan torcidas sobre renglones más torcidos todavía. Entonces llega el estupor y miramos al cielo con gesto desconcertado.

Jeremías salió de la cisterna a la libertad (Jeremías 38); Jesús fue transportado de la tumba a la gloria. Pero Juan pasó de la celda a la bandeja.

Juan el Bautista nunca salió de su encarcelamiento. Lo decapitaron y expusieron su cabeza sobre un plato. Como escritor, no me gustan los malos finales y, al sumergirme en esta historia, se me encoge el alma y miro al cielo replicando: «No tuvo la muerte que mereció ni el funeral que le correspondía. ¿Quedará su muerte sin sentido y sin fruto?».

Sería así si quitamos a Dios de la ecuación. Si borramos a Dios de la biografía de este hombre, nada tiene sentido. Pero poniéndolo a Él en el centro de esta escena, cada detalle cobra sentido. Una vida invertida en el propósito divino siempre será bienaventurada.

Una hija y un hijo de Dios pueden morir en un accidente, pero nunca accidentalmente. Podrán terminar sus días de manera cruel e incomprensible, pero nunca de manera accidental y arbitraria, porque las líneas de nuestra historia las redacta el divino escriba y su pluma no escribe sentencias erróneas.

¿Frases incomprensibles? Es posible que lo sean... por ahora.

¿Sentencias difíciles de admitir? Es posible... de momento.

¿Párrafos que encogen el alma y quitan el sueño? Puede ser..., pero espera.

Dios pone los mejores finales a las peores historias. Créeme, lo hace, aunque no siempre cuando esperamos.

Si Dios borra, es para escribir algo nuevo.

Que Él nos ayude a no tropezar cuando su voluntad sea diferente a lo que esperamos. Sus planes, aunque a veces parezcan incomprensibles, siempre son mejores que los nuestros, y la cruz es la mayor muestra de eso: no hubo éxito en esa escena... No hubo éxito, pero hubo victoria. Allí se fraguó el más grande triunfo. Lo que tiñó el madero no fue oro, sino sangre que brotó de sus heridas; pero en la superficie de ese océano carmesí flotaban la redención y la salvación eternas.

LIBRES «DE» O LIBRES «EN»

Y tú, niño, profeta del Altísimo serás llamado; porque irás delante de la presencia del Señor, para preparar sus caminos; para dar conocimiento de salvación a su pueblo, para perdón de sus pecados, por la entrañable misericordia de nuestro Dios, con que nos visitó desde lo alto la aurora, para dar luz a los que habitan en tinieblas y en sombra de muerte; para encaminar nuestros pies por camino de paz.

LUCAS 1:76-79

Esta porción de la Biblia conforma lo más parecido a un poema, y es, en realidad, una profecía referida a Juan el Bautista.

Lo interesante, a la vez que sorprendente, es que todo lo que contienen esos versículos es halagüeño y positivo; no lo fue, sin embargo, el final de Juan: «Y ordenó [Herodes] decapitar a Juan en la cárcel. Y fue traída su cabeza en un plato, y dada a la muchacha» (Mateo 14:10-11).

¿Por qué a la gente buena le ocurren cosas malas? Debo confesar que no tengo una respuesta plenamente satisfactoria para esa pregunta. Sin embargo, tengo una convicción firme e inamovible: con Dios, jamás una desgracia será la última noticia, porque Él convierte lágrimas en perlas y engarza joyas en el corazón de la adversidad.

Mientras reflexionaba en lo ocurrido en la prisión de Maqueronte, vino a mi memoria una escena de la vida del apóstol Pablo. Permítame que la recuerde: «Pablo les amonestaba, diciéndoles: Varones, veo que la navegación va a ser con perjuicio y mucha pérdida» (Hechos 27:9-10). Y más adelante: «Estando ya a salvo, supimos que la isla se llamaba Malta» (Hechos 28:1).

Pablo, siendo trasladado a Roma donde sería juzgado, experimentó el naufragio del barco en que viajaba.

No pudieron evitar el naufragio: «Veo que la navegación va a ser con perjuicio y mucha pérdida». Pero preservaron la vida: «Estando ya a salvo, supimos que la isla se llamaba Malta».

A veces Dios libra «de» y otras veces libra «en». Si Dios no impidió que «eso» ocurriera, es porque en «eso» se va a glorificar.

Ser librado «de» es cuando Dios evita que algo difícil llegue a nuestra vida. Lo cierto es que la mayoría de las veces no somos conscientes de ello, pero a diario Dios obra a nuestro favor librándonos de cientos «de».

En otras ocasiones, Él permite que crucemos determinados ríos o atravesemos ciertas dificultades, pero es para obrar «en».

Cuando pases por las aguas, yo estaré contigo; y si por los ríos, no te anegarán. Cuando pases por el fuego, no te quemarás, ni la llama arderá en ti.

ISAÍAS 43:2

El texto bíblico no dice «si llegases a pasar», sino «cuando pases».

La pregunta no es: «¿Llegará el fuego de la prueba?». La pregunta es: «¿Cuándo llegará?».

Estas cosas os he hablado para que en mí tengáis paz. En el mundo tendréis aflicción; pero confiad, yo he vencido al mundo.

JUAN 16:33

Algo que me cautiva de Jesús es su franqueza al exponer las dificultades inherentes a la vida. Él no fue un vendedor del evangelio. No presentó su mensaje como una pócima mágica ni un talismán que alejase la mala suerte. Jesús no tapó la letra pequeña del contrato, sino que avisó de las aflicciones que tendríamos al vivir.

Creyentes y no creyentes, cristianos y no cristianos, todos enfrentaremos dificultades; la diferencia está en el final de la declaración: «En el mundo tendréis aflicción; *pero confiad, yo he vencido al mundo»* (Juan 16:33, énfasis añadido).

Algo que me infunde enorme descanso es entender que «Dios hace que todas las cosas cooperen para el bien de quienes lo aman y son llamados según el propósito que él tiene para ellos» (Romanos 8:28, NTV).

No dice que todas las cosas serán buenas, pero asegura que obrarán para algo bueno.

No obstante, sugiero que no juzguemos a quienes sucumben en la lucha. Es fácil tildar de traidor a quien en realidad es un herido. A menudo damos grandes porciones de juicio a quien precisa enormes dosis de misericordia. No todo el que se hace a un lado es un desertor, a veces está malherido.

Una conocida leyenda del desierto cuenta de un hombre que iba a mudarse de oasis y comenzó a cargar su camello. Puso encima de él las alfombras, los utensilios de cocina y los baúles de ropa, y el camello lo aguantaba todo.

Cuando se disponía a emprender el viaje, recordó que había dejado una hermosa pluma azul que su padre le había regalado. Decidió pasar a buscarla y la puso sobre el camello. Inmediatamente, el animal se desplomó con el peso y quedó desvanecido.

«¡Menudo ejemplar débil que adquirí!», se quejó el hombre.

«¡No fue capaz de aguantar el peso de una pluma!».

Alguien que estuvo atento a toda la escena se aproximó para reconvenirle:

«No fue la pluma lo que derrumbó al camello. La pluma solo fue la gota que desbordó el vaso de su agotamiento».

No juzguemos a nuestro prójimo porque no soporte una dificultad que para nosotros sería fácil de sobrellevar. Tal vez esa situación fuera la gota que colmó el vaso del sufrimiento.

Dios nos ayude a enfrentar las dificultades con entereza, comprendiendo que, si no nos libra «de», obrará «en».

Rogué a Dios que cambiase mis circunstancias y Él me dijo que estaba usando esas circunstancias para cambiarme a mí.

CREZCAMOS CON ESTER

Recuerdo, mamá, un día en el que juntos mirábamos tu programa de televisión preferido. Te fascinaba aquel concurso donde varias personas respondían a preguntas difíciles. Aplaudías sus triunfos y con genuino pesar lamentabas sus errores. Cuando aquel concursante falló con una de sus respuestas, giraste las ruedas de tu silla para aproximarla a mí y posaste tu mano en mi antebrazo.

—Deberías ir a ese concurso —me dijiste—. Tú los ganarías a todos.

Así era tu fe en mí. Descubrías talentos que yo no alcanzaba a ver. Tu confianza en mí era mucho mayor que mi fe en mí mismo.

—Me recuerdas a Ester, mamá —te dije.

—¿Ester? —exclamaste riendo.

—Sí...

—¿La de la Biblia? —Tu gesto reflejaba sorpresa—. ¿Por qué te recuerdo a Ester?

—Por mil cosas —respondí.

—Pues dime alguna. —No parabas de reír.

—Porque al igual que ella eres una reina, porque también tú eres bella y sobre todo por tu fe inquebrantable en Dios... En fin, por mil razones. ¿Quieres oír las otras novecientas noventa y siete?

—No, hijito —sonaste emocionada—. Por más parecidos que me encuentres, solo estaré de acuerdo con lo de mi fe en Dios. Sin Él no podría vivir.

Tal vez fue para descubrir esos mil parecidos contigo, mamá, por lo que me di a un estudio profundo de la persona y vida de Ester. Fue una investigación apasionante de la que extraje verdaderos tesoros de conocimiento e inspiración.

LA REINA ESTER

Y Asuero se enamoró de Ester como nunca se había enamorado de ninguna otra mujer, y de tal manera se ganó ella el cariño de Asuero, que éste la favoreció más que a todas las otras jóvenes que habían estado con él, y le puso la corona real en la cabeza y la nombró reina en lugar de Vasti.

ESTER 2:17, DHH

¿Sabes que la Biblia menciona con nombre a 187 mujeres y muchas más son citadas y aludidas, aunque ignoramos cómo se llamaban?

Algunas reciben la honra de ver su nombre registrado en las crónicas de la historia, pero otras muchas son heroínas anónimas, desconocidas en la tierra, pero reconocidas en el cielo.

Una de las mujeres que la Biblia cita expresamente, al punto de asignarle un libro, es la joven Ester. Te propongo que nos adentremos en su historia; una crónica repleta de episodios apasionantes que desborda fuertes emociones.

El texto bíblico que inaugura esta página muestra a Ester ocupando el trono al casarse con el rey Asuero. Fue entronizada sobre el Imperio medo-persa,, uno de los más poderosos del mundo, que se extendía desde la India hasta Etiopía. Lo que hoy se conoce como la República Islámica de Irán. Es decir, Ester llegó a ser reina en una de las monarquías más imponentes de la historia.

Sin embargo, ¿fue siempre así? ¿Nació Ester en una cuna de oro? ¿Vivió siempre en la opulencia?

Nada más lejos de la realidad.

Alguien dijo que al mirar el éxito de una persona todos envidian el resultado, pero nadie quiere el proceso.

Ester vivió un largo y difícil proceso.

Según lo que relata el libro que lleva su nombre, esta joven de origen hebreo se llamaba *Hadas sah*, o Hadasa„ que significa «mirto». Los mirtos son arbustos de hoja perenne que forman densas espesuras de hasta cuatro o cinco metros de altura. Lo más llamativo del mirto es que puede pasar inadvertido durante todo el año hasta que florece en la primavera. Es entonces cuando sus ramas se llenan de unas flores blancas que desprenden una deliciosa fragancia. Las flores son pequeñas, de tan solo dos o tres centímetros de diámetro. Tienen una peculiar forma de estrella y numerosos estambres que surgen del centro, como irradiando rayos de luz.

Así que el nombre original de Ester era Hadasa, es decir, «flor con forma de estrella».

Cuando entró a formar parte del harén del rey, y en un intento de ocultar su pertenencia al pueblo hebreo, decidió usar el nombre medo-persa Ester. Este nuevo nombre tal vez sea una forma que tenían los medos de llamar al mirto. Otros estudiosos lo hacen derivar del nombre de la diosa Istar, que significa «estrella».

De nuevo, al igual que en la flor del mirto, vemos la imagen de la estrella. Una tradición hebraica dice que Ester era la más bella «estrella de la noche».

De la vida de Ester extraigo dos enseñanzas sumamente inspiradoras:

• Así como el arbusto llamado «mirto» pasa inadvertido durante todo el año, hasta que en la primavera florece, inundando su entorno de belleza y de fragancia, nuestras vidas pueden estar discurriendo sin aparente resultado, «hasta que llega la primavera establecida en el calendario de Dios para nosotros». Vale la pena que aguardemos con paciencia, permaneciendo fieles y firmes, porque esa primavera llegará, no lo dudes.

- La segunda enseñanza que me inspira es que Ester supo ser como el «mirto» que exhibe su belleza en la exuberante primavera, pero también como una estrella (Ester: Istar - Estrella) que regala su luz en el corazón mismo de la noche.

Amo a esas personas que llenan de aroma el día e inundan de luz la noche. Que en las buenas regalan su sonrisa y en las malas proyectan su serenidad.

LA ORFANDAD DE ESTER

Y Mardoqueo estaba criando a Hadasa, es decir, Ester, hija de su tío, pues ella no tenía ni padre ni madre. La joven era de hermosa figura y de buen parecer, y cuando su padre y su madre murieron, Mardoqueo la tomó como hija suya.

ESTER 2:7, LBLA

Ester no siempre ocupó el trono, ni en su cabeza relumbró siempre la diadema real. Era la hija de Abihail, de la tribu de Benjamín, la más pequeña de las que constituían el reino de Judá.

El texto bíblico no relata cómo, pero sabemos que Ester quedó huérfana de padre y madre desde muy pequeña, siendo adoptada por su tío, de nombre Mardoqueo, quien la instruyó en la ley judía y en el temor de Dios.

Es cierto que fue elegida por el rey Asuero y conducida a las dependencias de palacio, pero intenta visualizarlo: Ester tenía en ese momento catorce o quince años; a esa edad fue desarraigada de su círculo familiar y separada de todas sus amistades; no podía ver a los suyos ni adorar a Dios abiertamente. Toda la posición de privilegio se veía ensombrecida por el desamparo. Una niña de esa edad no desea prebendas, prerrogativas ni placeres, sino calor familiar.

Por otro lado, Ester no ocupó el trono al día siguiente de ser separada de los suyos; durante todo un año las doncellas de palacio la tuvieron aparte, educándola en una cultura diferente y preparándola en todos los aspectos. Transcurridos doce meses, fue presentada ante el rey. Puedo imaginar lo difícil que resultó ese año en que, al desarraigo y la distancia de sus seres queridos, se sumó el ver que toda su cultura, principios y creencias se veían dinamitados para instalar unos nuevos.

No fue sencillo.

Lo que resulta conmovedor es constatar que lograron llenar su cabeza de nuevas ideas y de argumentos novedosos, pero no consiguieron vaciar su alma de la fe que sus padres sembraron en ella. Los valores implantados en su niñez se convirtieron en un muro de contención que frenó el asedio. Durante todo su tiempo de orfandad y sus largas etapas de soledad, Ester fue como una estrella que supo regalar su luz en medio de la noche; y, más adelante, cuando llegó su primavera y la corona real resplandecía en su cabeza, también supo comportarse como esa flor del mirto con forma de estrella que exhibe el color blanco de la pureza.

Hablemos ahora de ti: tal vez tu vida esté marcada por momentos angustiosos, y al mirar hacia atrás observas etapas de dolor, desarraigo o injusticia. *No permitas que las noches de ayer te roben la luz de hoy. Si tu pasado no te mató cuando era tu presente, mucho menos ahora que solo es tu pasado.*

Si estás enfrentando un invierno anímico, espiritual o emocional, sigue adelante, pues si cortas el árbol en el invierno, no volverá a vivir ninguna primavera.

Porque si el árbol fuere cortado, aún queda de él esperanza; reto-
ñará aún, y sus renuevos no faltarán. Si se envejeciere en la tierra
su raíz, y su tronco fuere muerto en el polvo, al percibir el agua
reverdecerá, y hará copa como planta nueva.

JOB 14:7-9

DE LA ORFANDAD AL TRONO

Y Asuero se enamoró de Ester como nunca se había enamo-
rado de ninguna otra mujer, y de tal manera se ganó ella el
cariño de Asuero, que éste la favoreció más que a todas las
otras jóvenes que habían estado con él, y le puso la corona
real en la cabeza y la nombró reina en lugar de Vasti.

ESTER 2:17, DHH

Después que el rey Asuero destituyera a su reina consorte a causa de una insubordinación de esta, buscó por todas las provincias de Media y de Persia una nueva esposa. Tras un riguroso proceso de selección, a Hadasa, quien más tarde se llamaría Ester, la escogió como nueva reina.

En ese mismo tiempo, y a espaldas del rey Asuero, en palacio se urdía un plan terrible: un alto funcionario del gobierno, en concreto el primer ministro de Persia, llamado Amán, planeaba un genocidio del pueblo judío. Amán era descendiente de Agag, antiguo rey de los amalecitas, enemigos acérrimos de los judíos. Ese antisemitismo latía en su ADN y logró convencer al rey, siempre mediante engaños, de que el exterminio era necesario. Asuero refrendó la propuesta de Amán y autorizó la masacre.

¿Recuerdas que Ester era judía? ¿Recuerdas que su nombre era Hadasa y se presentó en palacio con el nombre de Ester para ocultar su procedencia hebrea? ¿Imaginas lo que se movió en el alma de Ester cuando supo que el mismo pueblo del que ella era reina exterminaría a su pueblo?

Fue Mardoqueo, padre adoptivo de Ester, quien la informó de la crueldad que se estaba fraguando, y la instó a hablar con el rey para frenar el plan genocida.

Hay dos detalles que conviene destacar para captar la intensidad del momento: Primero, si Ester revelaba su pertenencia al pueblo hebreo, se convertiría en candidata a inaugurar la lista de exterminados.

En segundo lugar, el acto de presentarse ante el rey sin que la llamaran estaba penado con la muerte. Sí, como lo lees, nadie podía presentarse ante el monarca sin que este le convocara.

Tal vez pienses: *José Luis, estás exagerando. Olvidas que Ester era la esposa de Asuero, reina consorte, por lo que tenía acceso cuando quisiera. Probablemente el rey y ella comían juntos a diario y dormían en la misma cama.*

No funcionaban así las cosas en aquel palacio. La reina tenía sus aposentos separados de los del rey. Entre ambos había un gran patio y ella solo podía ver al monarca cuando él la llamaba. Todos conocían al rey Asuero como «su inaccesible Majestad».

Mira cómo Ester informa a su padre adoptivo de la dificultad de intentar la mediación para evitar la matanza:

Entonces Ester le ordenó a Hatac que volviera a ver a Mardoqueo y le diera el siguiente mensaje: «Todos los funcionarios del rey e incluso la gente de las provincias saben que cualquiera que se presenta ante el rey en el patio interior sin haber sido invitado está condenado a morir, a menos que el rey le extienda su cetro de oro. Y el rey no me ha llamado a su presencia en los últimos treinta días».

ESTER 4:10-11, NTV

Sin embargo, ¿crees que Ester se arredró o se mantuvo impasible ante la amenaza que se cernía sobre su pueblo? De ninguna manera. Optó por ir ante el rey, aun sabiendo que eso podría costarle la corona y también la vida, razón por la que pidió que el pueblo judío la acompañase en una jornada de ayuno y oración.

Ester pertenecía a esa élite que ama más a las personas que a su trono. Si el pueblo estaba en peligro, a ella los tules, sedas, encajes y perlas se le antojaban cadenas. No quería el peso de la diadema real sobre su cabeza, pues pesaban más sus hermanos sobre su corazón. Renunció a todo lo propio en beneficio de lo ajeno.

Me fascinan este tipo de personas que, a fuerza de amar, cambian la historia. Dime si no ves en Ester un dedo índice que señala hacia Jesús. Obsérvala saliendo de sus cómodos aposentos para entrar a un patio hostil que podía convertirse en su tumba. Puedo ver la imagen del Mesías dejando la bóveda celestial y arribando a un mundo peligroso.

Percibo aquí la realidad de que Dios pone los mejores finales a las peores historias.

El caso de Ester me hace recordar el caso real de un fotógrafo invidente, quien declaró que captaba las instantáneas «de oído».

Sí, has leído bien, hacía las fotografías «de oído».

Juan Torres fue fotógrafo profesional, hasta que a causa de una enfermedad perdió la vista. Durante años aparcó el oficio, pero durante una visita a un país tropical se sintió invadido por los olores de la naturaleza y la vocación resucitó en su interior. A partir de ese momento hizo las mejores fotografías de toda su vida. Alcanzó la cumbre de su profesión justo cuando perdió la vista. En la actualidad, sigue haciendo fotografías que la mayoría de las veces «intuye» de oído[1].

Esto demuestra que mucho más importante que los ojos es la visión, y más crucial que el don de mirar es la capacidad de ver.

Ester logró la meta más alta de su vida justo en el momento en que lo tenía todo en su contra.

---

1. Fuente: www.rtve.es.

ESTER, INSTRUMENTO DE LIBERTAD

Si te quedas callada en un momento como este, el alivio y la liberación para los judíos surgirán de algún otro lado, pero tú y tus parientes morirán. ¿Quién sabe si no llegaste a ser reina precisamente para un momento como este?

ESTER 4:14, NTV

Esta apasionante historia de Ester me hizo recordar un episodio que viví junto a mis tres nietos, Emma, Ethan y Oliver. Ocurrió durante unas vacaciones de verano, una radiante mañana en la orilla del mar. El calor arreciaba, así que decidí entrar al agua para combatir la asfixiante temperatura.

Ethan y Emma jugaban en la orilla y el pequeño Oliver se aferró a mi mano, dispuesto a entrar conmigo al mar.

Cuando el agua apenas cubría nuestros pies, su manita presionó con energía mis dedos, mientras gritaba en su lenguaje incompleto:

—¡*Teno* miedo! ¡Olas *gandes*! (¡Tengo miedo! ¡Olas grandes!).

Miré el mar. Suaves ondulaciones se mecían en la superficie. El agua estaba plácida y reposada.

—No hay olas, Oliver —le dije adentrándome un poco más en el agua—. El mar está tranquilo.

—¡Miedo! —repetía él aplicando toda la presión posible en mis dedos—. ¡Olas!

Emma nos observaba desde la arena y, alzando su voz para que la escucháramos, opinó:

—Abu, creo que como Oliver es más bajito que tú, a él le parece que hay olas.

Captando lo que la niña intentaba decirme, me agaché hasta quedar a la altura de mi nieto y, entonces sí, comprobé que desde su perspectiva las suaves ondulaciones del mar se asemejaban a olas.

Tomé al pequeño en mis brazos, y cuando nuestros ojos observaban el mar desde la misma altura, le dije:

—¿Ves que no hay olas?

El niño sonrió y decidió:

—¡Abu, ya no olas!

Dos cosas aprendí, y tan importantes fueron que lograron conmoverme en lo más íntimo. Lo primero fue el sabio consejo de una niña que me animó a ponerme a la altura de los más pequeños para comprenderlos. Lo segundo, la necesidad que cada día tengo de mirar la vida desde la altura que propician los brazos de Dios. Allí el temor se disuelve en vapores de paz y la vida no se torna amenazante, sino decididamente bella.

Con esto en mente regresemos a la intrigante atmósfera que se respira en el palacio de Persia.

Ester puso en riesgo su vida en el intento de salvar la de todo el pueblo judío.

¿Sabes cuál fue el resultado?

El rey Asuero extendió hacia ella el cetro concediéndole audiencia y algo más: «Dijo el rey: ¿Qué tienes, reina Ester, y cuál es tu petición? *Hasta la mitad del reino se te dará*» (Ester 5:3, énfasis añadido).

¡Qué interesante! Por amor a su pueblo, Ester renunció a una posición y, en consecuencia, alcanzó otra de mayor nivel. Le ofrecieron poder absoluto sobre la mitad de la demarcación que abarcaba el reino.

¿Lo aceptó?

Ella no quería prerrogativas ni concesiones de tipo personal, lo que deseaba era la salvación del pueblo hebreo. No puedo evitarlo, me siento conmovido ante gestos como este: personas que anteponen el bien de otros al propio.

En aras de ese objetivo, lejos de pedir algo, ofreció. Como parte de una calculada estrategia que perseguía desenmascarar al cruel Amán, Ester organizó banquetes durante tres noches sucesivas, a los que invitó al rey junto con Amán. En la última de esas noches se puso de relieve la maldad del primer ministro y el siniestro plan que había urdido.

El rey, enfurecido al descubrir la perversidad del funcionario, abandonó la sala, momento que Amán aprovechó para suplicar a Ester clemencia, rogándole que pidiese a Asuero que no le hiciese daño. Tan ferviente fue Amán en la súplica que hasta abrazó a la reina. Lo hizo en el momento más inoportuno, justo cuando el rey accedía de nuevo a la sala. Asuero observó la escena e interpretó que su primer ministro intentaba forzar a la reina.

¿Consecuencia?

Ordenó su ejecución.

Recapitulemos un instante: hemos hablado de una celebración que se prolongó por tres jornadas y fue en la tercera de ellas cuando el enemigo resultó derrotado. ¿No te traslada esta escena al Gólgota y a la tumba del jardín? Fue al amanecer del tercer día cuando descubrieron la tumba vacía... La muerte se había derrotado.

La salvación del pueblo hebreo quedó expuesta mediante un cuerpo que colgaba del madero, en este caso en forma de horca. La salvación eterna de la humanidad se alcanzó a través de un cuerpo que pereció en un madero con forma de cruz. La gran diferencia radica en que en este último caso quien murió fue un justo y la entrega no fue impuesta, sino voluntaria... Lo hizo por amor.

Pero hay un detalle que no se debe pasar por alto: a esos tres días de estrategia y banquetes les precedieron tres días de ayuno y oración.

Recordemos lo que dice la Biblia. Ester habla con Mardoqueo, su padre adoptivo, y le dice: «Ve y reúne a todos los judíos que están en Susa y hagan ayuno por mí. No coman ni beban durante tres días, ni de noche ni de día; mis doncellas y yo haremos lo mismo. Entonces, aunque es contra la ley, entraré a ver al rey. Si tengo que morir, moriré» (Ester 4:15-16, NTV).

Tres días de banquete a los que le precedieron tres de ayuno y oración. «No coman ni beban durante tres días, *ni de noche ni de día*; mis doncellas y yo haremos lo mismo» (énfasis añadido).

No solo durante el día, tampoco en la noche. No únicamente en la noche, tampoco durante el día.

Cada minuto de estrategia se impregnó de clamor a Dios. Cada detalle del plan chorreaba oración.

No cabía otra posibilidad, el destino se llamaba «victoria», porque orar siempre es acertar.

CUANDO LA LUCHA SE PROLONGA

Y escribió en nombre del rey Asuero, y lo selló con el anillo del rey, y envió cartas por medio de correos montados en caballos veloces procedentes de los repastos reales; que el rey daba facultad a los judíos que estaban en todas las ciudades, para que se reuniesen y estuviesen a la defensa de su vida, prontos a destruir, y matar, y acabar con toda fuerza armada del pueblo o provincia que viniese contra ellos, y aun sus niños y mujeres, y apoderarse de sus bienes.

ESTER 8:10-11

Basándonos en lo que leímos en la anterior reflexión, podríamos considerar que ya todo estaba resuelto. Ester fue honrada y el sanguinario Amán, ejecutado. La situación parecía solventada: el enemigo había caído y los hebreos estaban a salvo.

Sin duda, ese habría sido el final idóneo para la historia, pero no fue así, surgió una complicación inesperada: el rey Asuero había firmado un edicto que permitía la aniquilación de los judíos, y lo decretado por el rey no admitía contradecreto. Un edicto real era irrevocable, incluso por el propio rey. El rey era considerado una divinidad cuyas decisiones eran acertadas e inapelables. Dar una contraorden implicaba aceptar que la orden previa fue errónea, lo cual resultaba inadmisible en una cultura donde la palabra real era inerrable e infalible.

Estoy convencido de que Ester y Asuero pasaron tiempo debatiendo y buscando una salida honrosa a la situación, pero lo único que el rey pudo hacer fue autorizar a los judíos a defenderse. Es decir, lo que iba a ser una ejecución masiva se convertiría en una guerra.

No era una solución exenta de riesgo, pero fue la única alternativa viable.

En medio de la incertidumbre, la esperanza iluminó el alma de Ester. Dios estaba presente en la escena, y Él pelearía a favor de su pueblo.

Sí, Dios daría la victoria, pero el pueblo tendría que luchar.

A lo que quiero llegar es a que *Dios da pan a las aves, pero no se lo lleva al nido. En todo proceso hay una parte que me corresponde desarrollar a mí.*

Jesús transforma el agua en vino, pero los sirvientes llenan las tinajas.

Él resucita a Lázaro, pero a nosotros nos corresponde retirar la piedra del sepulcro.

El poder de Dios derriba los muros de Jericó, pero el pueblo debe rodear la ciudad durante siete días.

Yo hago lo natural y Dios se ocupa de lo sobrenatural. Él hace lo imposible, pero a mí me toca hacer lo posible.

SIMPLEMENTE SIERVOS

Y Mardoqueo estaba criando a Hadasa, es decir, Ester, hija de su tío, pues ella no tenía ni padre ni madre. La joven era de hermosa figura y de buen parecer, y cuando su padre y su madre murieron, Mardoqueo la tomó como hija suya.

ESTER 2:7, LBLA

Huérfana, adoptada, una niña sin recursos..., pero se convirtió en el instrumento de libertad de toda una nación. Esa fue Ester. Son incontables los casos de mujeres y hombres que partiendo desde lo más humilde lograron, mediante trabajo, esfuerzo y constancia, dejar huellas indelebles en la historia de la humanidad. Soy una persona que ama compulsivamente la lectura, por lo que en las historias de los libros he descubierto numerosos casos que ratifican lo que acabo de decir. Déjame que te cuente uno de ellos.

Cuando el escritor colombiano Gabriel García Márquez terminó de escribir *Cien años de soledad*, no tenía dinero ni para mandar la novela al editor.

Al llegar con su esposa, Mercedes Barcha, a la oficina de correos para mandar la novela a Buenos Aires, el empleado la pesó: «Son ochenta y dos pesos», les dijo.

La pareja buscó y rebuscó en sus bolsillos.

«Solo tenemos cincuenta y tres», lamentaron al unísono.

Ambos decidieron dividir el paquete y enviar solo la mitad. Lo que no advirtieron fue que por error enviaban la segunda parte de la novela en lugar de la primera.

Francisco Porrúa, el editor, quedó fascinado al leerla y les envió el dinero para que mandaran el resto.

Al año siguiente apareció *Cien años de soledad*, y su primera edición se vendió en menos de un mes.

Actualmente lleva más de cien ediciones y más de cincuenta millones de libros vendidos. El 10 de diciembre de 1982, Gabriel García Márquez fue honrado con el máximo galardón de las letras: el premio Nobel de literatura.

Todo comenzó con un matrimonio que puso todo lo que tenía: su esfuerzo, su ilusión y sus escasos recursos.

Regresemos junto al pueblo hebreo que habitaba en el reino de Media y Persia. El rey los autorizó a presentar defensa y pronto llegó la cruenta batalla.

¿Cuál fue el resultado?

Dios intervino de forma asombrosa y, contra todo pronóstico, el pueblo que iba a ser masacrado se alzó con una victoria tan inesperada como histórica. Neutralizaron el ataque y vencieron, razón por la que hasta el día de hoy cada mes de marzo los hebreos siguen conmemorando esa legendaria victoria, en la fiesta de Purim.

¿Te das cuenta de que Ester hizo lo posible y Dios lo imposible? El pueblo hebreo hizo lo natural: presentar defensa; y Dios hizo lo sobrenatural: que un puñado de hombres inexpertos vencieran a uno de los ejércitos más poderosos de aquel tiempo.

Cuando de vuelos altos se trata, yo extiendo mis alas y me elevo hasta donde puedo, entonces Dios despliega las suyas y me remonta a alturas insondables. *Cuando atiendo las pequeñas cosas como si fueran las más grandes, Dios toma las circunstancias más grandes y las resuelve como si fueran pequeñeces.*

Una huérfana ocupa el trono y es instrumento de libertad para toda una nación. Un pueblo nada diestro en la guerra vence al ejército más poderoso del momento.

El libro de Ester no menciona el nombre de Dios ni siquiera una vez. No se describen milagros y cada evento se puede explicar en términos de causa y efecto. Solo cuando uno ve la historia completa se da cuenta de que la mano de Dios está en cada línea del relato y opera en cada segundo de la trama. El factor cielo se haya presente todo el tiempo. El Creador está oculto, pero latente en el libro de Ester; probablemente sea esta la razón de los disfraces y las máscaras que se utilizan en la celebración de la fiesta de Purim.

Bajo la superficie se percibe la mano de Dios. Muchas veces he comprobado lo mismo en mi propia vida: en apariencia nada parecía ocurrir, pero en el subsuelo se fraguaba un entramado de raíces que sostendría el milagro.

LA BUENA MEMORIA

Entonces Ester envió la siguiente respuesta a Mardoqueo: «Ve y reúne a todos los judíos que están en Susa y hagan ayuno por mí. No coman ni beban durante tres días, ni de noche ni de día; mis doncellas y yo haremos lo mismo. Entonces, aunque es contra la ley, entraré a ver al rey. Si tengo que morir, moriré».

ESTER 4:15-16, NTV

—Dime lo que desees, reina Ester [ofreció el rey Asuero]. ¿Cuál es tu petición? ¡Yo te la daré, aun si fuera la mitad del reino!

La reina Ester contestó:

—Si he logrado el favor del rey, y si al rey le agrada conceder mi petición, pido que mi vida y la vida de mi pueblo sean libradas de la muerte. Pues mi pueblo y yo hemos sido vendidos para ser muertos, masacrados y aniquilados.

ESTER 7:2-4, NTV

Estaba en el supermercado con mi nieto Oliver, tomé unos productos cuyo valor no estaba bien definido y me aproximé al escáner de comprobación de precios.

Oliver observó, fascinado, cómo al pasar el envase bajo aquella luz roja sonaba un pitido y el precio aparecía reflejado en la pantalla.

Dando pequeños saltitos de emoción me pidió que le dejara pasar los productos que quedaban. Lo hizo con una amplia sonrisa y con ojos encendidos de emoción.

Una vez que introduje todo en la bolsa iba a seguir con la compra cuando aprecié que el pequeño se paseaba bajo la luz roja del escáner aupándose sobre la punta de sus pies.

—¿Qué haces, Oliver? —inquirí.

—Quiero saber cuánto valgo —respondió con toda naturalidad.

No pude evitar conmoverme y lo tomé en mis brazos para explicarle:

—Esa máquina no podrá decir lo que vales, porque tú vales muchísimo más de lo que cualquier máquina pueda calcular.

Mi dichoso temperamento melancólico intervino anegando mis ojos, mientras me parecía escuchar el susurro de Dios recordándome: «No dejes que ninguna persona ni máquina te ponga etiqueta de precio, porque nadie alcanza a discernir el altísimo valor que te puse».

Me conmueve la afirmación de Dios que se registra en Isaías 41:9: «Te tomé de los confines de la tierra, y de tierras lejanas te llamé, y te dije: Mi siervo eres tú; te escogí, y no te deseché».

Dios es quien marca nuestro valor, y con frecuencia su valoración nos desconcierta, pues Él cotiza al alza lo más sencillo.

Lo que hoy quiero enfatizar es que Ester, procediendo de la cuna más pequeña, alcanzó el trono más alto. Sin embargo, lo conmovedor de este caso es que desde la altura y magnificencia de ese trono no olvidó sus raíces humildes ni despreció su procedencia. Estuvo dispuesta a perder su posición e incluso su vida por hacer el bien a su pueblo.

Eso significa que Ester tomó posesión del trono, pero el trono no poseyó a Ester.

La grandeza de una persona se comprueba por su serenidad cuando no tiene nada y por su actitud cuando lo tiene todo.

Hay tres cosas que Ester no olvidó y en esa buena memoria estuvo la clave de la bendición:

1. *En primer lugar*, mantuvo memoria de sus humildes orígenes. Pisar el lujoso y carísimo mármol de Persia no le hizo olvidar el barro del que procedía. El esplendor del palacio no le hizo renegar

de las calles arenosas de la aldea donde se crio. Mientras infinidad de doncellas le rendían pleitesía, Ester no olvidó a la temerosa y desconsolada huérfana llamada Hadasa. *La humildad es una altísima virtud. Feliz la mariposa que nunca olvida que fue gusano, porque quien olvida su origen pone en riesgo su destino.*

2. *El segundo* recuerdo poderoso fue que, ocupando su magnífico trono, no olvidó que había un trono más alto, por eso pidió al pueblo que orase y ayunase para que Dios no quedara fuera del proyecto llamado «salvación del exterminio».

3. *La tercera* cosa importante que recordó fue que Dios era su padre. Abihail, su padre biológico, murió demasiado pronto. Mardoqueo, su padre adoptivo, estaba ahora en peligro de muerte, pero Dios, su Padre eterno, nunca moriría y jamás la dejaría.

Los padres humanos tienen preguntas, pero Dios solo tiene respuestas.

Aunque mi padre y mi madre me abandonen, el SEÑOR *me recibirá en sus brazos.*

SALMO 27:10, NVI

CUANDO UNO SABE QUIÉN ES

Si ahora te quedas absolutamente callada, de otra parte vendrán el alivio y la liberación para los judíos, pero tú y la familia de tu padre perecerán. ¡Quién sabe si precisamente has llegado al trono para un momento como este!

ESTER 4:14, NVI

Alguien dijo que los dos días más importantes de nuestra vida son el día en que nacimos y aquel en que descubrimos para qué nacimos. Tú y yo sabemos de uno que supera en importancia a todos los demás, y es el día en que nacemos de nuevo. No obstante, tengo bien claro que descubrir nuestro propósito en la vida es esencial, no solo para la eficiencia, también para la felicidad. Saber quiénes somos y para qué nacimos son dos preguntas cruciales.

Ester llegó a descubrirlo y el resultado influyó de manera positiva en toda una nación.

También Pablo fue capaz de resumir en pocas palabras su propósito de vida: «Pablo, *siervo de Jesucristo*, llamado a ser apóstol, *apartado para el evangelio* de Dios» (Romanos 1:1, énfasis añadido). Gozaba de una claridad prístina respecto a qué era: siervo de Jesucristo; y para qué estaba aquí: apartado para el evangelio.

Tenía bien claro el asunto de su llamado. Sabía quién lo llamó y para qué lo hizo. Se sabía siervo de Cristo y apartado para el evangelio. *Deberíamos ser siempre conscientes de que servimos a Cristo EN la Iglesia, pero no somos servidores DE la Iglesia. Somos siervos DE Cristo EN la Iglesia.*

Esa consciencia, la de que servimos a Dios, nos hará desarrollar determinadas actitudes que resultan esenciales para ser eficientes y no solo estar activos:

1. *No abandones tus disciplinas espirituales.* A menudo creemos que las prácticas con la congregación son suficientes. ¡No! Debo vivir mi fe delante de mi Padre en lo secreto. No somos siervos de la Iglesia, sino de Jesucristo.

2. *Reconoce tus debilidades y no te expongas a ellas.* Todos tenemos puntos débiles y debemos conocerlos. Sé prudente, cauto y moderado, mantén distancia de aquello que te hace daño. No expongas tus puntos débiles, sino fortalece tus defensas.

3. *Para «acercarme a» debo «separarme de».* «Apartado para el evangelio», decía Pablo. Eso implica marcar distancia de todo aquello que pueda adulterar, corromper o manchar tan excelso llamado.

Cuando estoy en un lugar o hago determinada cosa, debería preguntarme: esta posición y la actividad que desarrollo hoy, ¿me ayudarán a llegar al lugar en el que quiero estar mañana?

4. *Nunca debo juzgar mi valor por lo que hago o tengo, sino por lo que soy.* Tu valor no está relacionado con tus objetos de valor. Las cosas más grandes en la vida no son cosas, suelen ser personas y valores internos que no tienen precio.

Tampoco aquellos talentos que tengo y las cosas que sé hacer deben determinar mi valor, pues de ser así, el día en que deje de hacer dejaré de ser. En los congresos o eventos a los que acudo suelen presentarme diciendo: «José Luis Navajo ES pastor, escritor y conferenciante». Comprendo lo que dicen y por qué lo dicen, pero en rigor, eso no es cierto: pastor, escritor o conferenciante no definen lo que soy, solo definen lo que hago.

Es probable que llegue un día en que no pueda pastorear, o escribir un libro, o dictar una conferencia... Si yo SOY eso, el día en que deje de hacer dejaré de ser. Tales funciones no definen lo que soy, solo definen lo que hago. Mi identidad no debe desprenderse de mi función. Dios no me ama por lo que hago, Él me ama por lo que soy: su hijo.

CUANDO UNO SABE QUIÉN ES (II)

Si ahora te quedas absolutamente callada, de otra parte vendrán el alivio y la liberación para los judíos, pero tú y la familia de tu padre perecerán. ¡Quién sabe si precisamente has llegado al trono para un momento como este!

ESTER 4:14, NVI

Seguro que conoces la famosa frase que dice lo siguiente: «Siembra un pensamiento y cosecharás una acción. Siembra una acción y cosecharás un hábito. Siembra un hábito y cosecharás un carácter. Siembra un carácter y cosecharás un destino».

Por eso deseo seguir desgranando aquellas prácticas que deberían convertirse en hábitos para conformar un carácter que nos permita fraguar un gran destino.

5. *No te quedes solo*. «Ay del solo». Ten amigos, preferiblemente que sean mayores que tú y que estén dispuestos a decirte la verdad y acompañarte cuando sea necesario.

6. *Reconoce tu humanidad*. Que tus dones y talentos no te aíslen. Que los fracasos no te hundan, pero que los éxitos no te alcen a una cumbre inaccesible. Somos siervos del Rey. No somos reyes, sino siervos.

8. *Enfrenta las luchas desde la altura a la que Dios te ha llamado*. El águila no lucha con la serpiente en el suelo. La lleva a lo alto, cambia el campo de batalla y después la suelta. La serpiente no tiene ninguna resistencia, poder ni equilibrio en el aire. En su terreno, la serpiente es poderosa y mortal, pero en el aire es inútil, débil y vulnerable. *Lleva tus luchas al cielo en oración y Dios tomará el control de tus batallas. No luches contra el enemigo en su ʒona de confort, cambia el territorio de la batalla. Cuando la tierra no tiene solución, el cielo ya está tomando providencias.*

9. *Nunca pierdas el hambre por conocer más, por saber más, por leer más*. El proceso de crecimiento espiritual nunca termina. Si al igual que Pablo somos «apartados para el evangelio», lo más esencial es conocer ese evangelio. Sé curioso y no pienses que ya lo sabes todo. El día en que dejes de aprender, dejarás de crecer.

10. *La obra es de Dios y no nuestra*. Esa obra debe desarrollarse en el poder de Dios y no en nuestras fuerzas. Ora, ayuna y pídele al Señor que te guíe. Todo tiene un carácter eterno, no lo olvides. Hazlo con todo tu corazón.

11. *No te encierres solo en lo que tú haces y en tus métodos*. Sé curioso, observa lo que el Señor está haciendo con otros siervos. Celebra los triunfos de tus hermanos y duélete cuando las cosas no

van bien con ellos. Sé amigo y procura relacionarte con otros siervos. Apartado por Dios, pero en una comunidad. «Venid *vosotros aparte*» (Marcos 6:31), les dijo Jesús. Ese «vosotros» implica una comunidad y no un individuo.

12. *Ten cuidado de mantener una relación cercana y profunda con tu esposa y con tus hijos.* Tu primera responsabilidad y tu primer sacerdocio es tu casa. No descuides tu testimonio con tu familia extendida y cuida tu reputación con los de afuera.

13. *Huye de la orfandad espiritual como de la peste.* Hay un enorme beneficio en tener pastores maduros y experimentados a nuestro lado. Las canas y cicatrices nunca son gratuitas. Sean cuales sean nuestra edad, trayectoria o logros alcanzados, necesitamos padres y madres espirituales.

Vive preparado para el siguiente movimiento que Dios indique, pues...

¡Quién sabe si precisamente has llegado al trono para un momento como este!

ESTER 4:14, NVI

REFUGIO SEGURO

Ve y reúne a todos los judíos que se hallan en Susa, y ayunad por mí, y no comáis ni bebáis en tres días, noche y día; yo también con mis doncellas ayunaré igualmente, y entonces entraré a ver al rey, aunque no sea conforme a la ley; y si perezco, que perezca. Entonces Mardoqueo fue, e hizo conforme a todo lo que le mandó Ester.

ESTER 4:16-17

En medio de las grandes tempestades, necesitamos refugios seguros. Ester nos muestra la dirección específica del gran refugio: el corazón de Dios.

Por algunas razones, este episodio en la vida de Ester me traslada a la historia de Noé, en concreto al capítulo que describe el diluvio que arrasó la tierra. Varias veces he leído el relato que se registra en Génesis 7:17-18: «Y fue el diluvio cuarenta días sobre la tierra; y las aguas crecieron, y alzaron el arca, y se elevó sobre la tierra. Y subieron las aguas y crecieron en gran manera sobre la tierra; y flotaba el arca sobre la superficie de las aguas».

El capítulo siguiente presenta el desenlace de aquel grave episodio:

Y las aguas decrecían gradualmente de sobre la tierra; y se retiraron las aguas al cabo de ciento cincuenta días. Y reposó el arca en el mes séptimo, a los diecisiete días del mes, sobre los montes de Ararat.

GÉNESIS 8:3-4

La imagen del arca es una fuente inagotable de inspiración y enseñanza. Es considerada como un símbolo del mismo Señor Jesucristo, quien al igual que ocurriera con el arca, provee salvación del juicio divino para quienes entran en Él.

Debemos notar que el diluvio fue un tiempo de difícil prueba, no solo para quienes estaban fuera, también para los que habitaban el arca. Estos últimos se vieron libres de la muerte, pero no de largos días de encierro en unas condiciones que distaban mucho de ser las idóneas para vivir.

Pero fíjate en el resultado: Cuando el diluvio concluyó y las aguas fueron retirándose, el arca reposó sobre un monte y los tripulantes se encontraron con una visión despejada, amplios horizontes y toda una tierra por conquistar. La gran tormenta no los anegó, sino que los elevó por encima de las más altas montañas.

Cuando crece el vasto océano de las circunstancias, puedes subir a la barca y mantenerte a flote, o caminar junto a Él sobre las aguas de tu nuevo comienzo.

Así fue como Ester decidió enfrentar la gran tormenta que acosaba al pueblo hebreo: desde el refugio del corazón de Dios. Podemos convertir el corazón de Dios en almohada y reposar, sabiendo que en esa posición las dificultades no nos destruyen, sino que nos construyen. No nos deforman, sino que nos dan forma.

Una persona cuyo recuerdo despierta en mí admiración e inspiración a partes iguales es Billy Graham. La gente lo llamaba el «embajador de Dios» y fue uno de los más influyentes predicadores del siglo xx.

Cuando tenía noventa y dos años, estaba luchando contra la enfermedad de Parkinson. Ese año, en enero, un mes antes de cumplir noventa y tres, los líderes de Charlotte, en Carolina del Norte, invitaron a Billy Graham a un almuerzo donde tenían previsto rendirle un homenaje.

Inicialmente rechazó la invitación debido a sus problemas de salud, cuya sintomatología era incómoda y demasiado evidente, pero los líderes de Charlotte le dijeron:

«No esperamos un discurso importante. Ven y deja que te honremos».

Así que estuvo de acuerdo y acudió.

Después de que se dijeron cosas maravillosas sobre él, el doctor Graham subió al estrado, miró a la multitud y dijo:

Recuerdo hoy a Albert Einstein, el gran físico que este mes ha sido mencionado por la revista *Time* como el Hombre del Siglo. Einstein viajaba una vez desde Princeton en un tren, cuando el revisor pasó perforando los boletos de cada pasajero. Cuando llegó a Einstein, este buscó el tique en el bolsillo de su chaleco, pero no lo encontró. Algo nervioso, miró en los bolsillos de su pantalón, pero tampoco estaba allí. Visiblemente inquieto buscó en su maletín, pero no pudo encontrarlo. Luego miró en el asiento a su lado...

El revisor le dijo: «Doctor Einstein, sé quién es usted. Todos sabemos quién es usted. Estoy seguro de que compró un boleto. No se preocupe por no encontrarlo».

Einstein asintió con gratitud y el revisor continuó por el pasillo perforando boletos. Cuando iba a pasar al siguiente vagón del convoy, se dio vuelta y vio al gran físico de rodillas, buscando debajo de su asiento.

El revisor se apresuró a regresar y dijo: «Doctor Einstein, doctor Einstein, no se preocupe, sé quién es usted, no hay problema. No necesita un boleto. Estoy seguro de que compró uno». A lo que el genio replicó: Joven, yo también sé quién soy. Lo que no sé es adónde voy".

Habiendo dicho eso, Billy Graham continuó:

¿Ven el traje que llevo puesto? Es un traje nuevo. Mis hijos y mis nietos me dicen que me he vuelto un poco desaliñado en mi vejez. Así que salí y compré un traje nuevo para este almuerzo y para usarlo en una ocasión más. ¿Saben cuál será esa ocasión? Este es el traje con el que me enterrarán. Pero cuando escuches que estoy muerto, no quiero que recuerdes el traje que llevo, sino lo que ahora voy a decirte: «No solo sé quién soy. También sé a dónde voy».

Que tus problemas sean menos y tus bendiciones más. La vida sin Dios es como un lápiz sin punta: no tiene sentido.

Dios permita que cada uno de nosotros viva de tal modo que cuantos nos rodean sepan que sí adquirimos el tique y que, en lo personal, no tengamos ninguna duda respecto a dónde vamos.

A LA SOMBRA
DE MOISÉS

¡No! ¡En absoluto! —protesté enérgicamente.
— Usted me despreció con su actitud —repitió mi
interlocutor en tono herido y acusatorio.

Aquella persona estaba reprochándome un desaire que sin
intención cometí.

—¡No! ¡Nunca! —repetí con un convencimiento casi irritado—. ¿Cómo puede pensar una cosa así? ¡Jamás quise herirle!
¡Está equivocado!

En mala hora se me ocurrió llevarle la contraria. Mi interlocutor se exasperó e inició una inacabable sucesión de reproches,
cubriéndome de estiércol verbal. Hacía mucho tiempo que no me
caía una granizada como esa, y justo me llegó en un radiante y azul
día de junio, con su cielo surcado por alegres golondrinas que nada
sospechaban.

Experimenté, por primera vez en mi propia carne, cuán torpe
y rudamente se puede herir con la palabra. Era como si junto a la
dignidad me hubieran arrancado el ministerio.

Cuando mi verdugo se marchó, todo quedó sumido en un
silencio lleno de negros presagios. Hacía mucho calor pese a ser
temprano. Las chicharras hacían sonar sus élitros a un ritmo des-
mesurado y el chirrido resultante era un claro eco de mi irritación.

Me temblaban las manos de enfado e impaciencia. «Iré», me repetía, «iré a hablar con ella». Y acudí, mamá, a contártelo todo y desahogar así mi dolor. No sé cuánto tiempo estuve desgranando los detalles de la ofensa que recibí, y tú, mamá, me escuchabas con una paciencia imperturbable.

Transcurrido un tiempo cuya longitud soy incapaz de precisar, golpeaste enérgicamente la taza de café con la cucharilla. Como si el acero hubiera cortado el ruido de mi larguísima perorata, se hizo de repente el silencio. Apoyándote con ambas manos en la mesa, lograste ponerte de pie y, con una fingida dignidad que me resultó demasiado cómica, dijiste:

«Damas y caballeros, propongo un brindis por este hombre que está a mi lado». Solo estábamos tú y yo, pero alzaste tu taza para reforzar la propuesta. «Pero antes, permitan que les cuente una breve historia: Un muchacho arrojaba piedras contra un árbol. Viéndolo un hombre que pasaba por allí, reprendió al chico: "¿Por qué tiras piedras a ese árbol?", le preguntó. A lo que el chiquillo respondió: «"Porque es el único de todos estos que tiene fruta. Si apedreo a los demás, solo caen hojas; de este me llueve fruta por cada piedra que tiro"».

En ese momento te giraste hacia mí mientras prolongabas tu discurso.

«Damas y caballeros, este hombre merece, sin duda, reconocimiento, pues acaba de ser lapidado con una lluvia de piedras en forma de verbos y adjetivos, y como ustedes bien saben, solo se tiran piedras al árbol que está cargado de frutos».

Reíste al ver mi gesto de sorpresa. Mamá, nunca esperé una reacción así de tu parte. Te dejaste caer de nuevo sobre tu silla y posando tu mano en mi antebrazo, me recordaste:

«Hijito, sabes que cualquiera que te dañe me hiere a mí mil veces más, pero debes recordar que, quien en el ejercicio de su ministerio debe tomar veinte decisiones al día, siempre será criticado por el que solo toma una decisión cada veinte días».

Iba a interrumpirte para seguir deshojando la flor de mi desdicha, pero tu mano tendida me pidió silencio.

«Aquel a quien el destino golpea una vez con gran dureza queda para siempre vulnerable», declaraste, y era sabiduría convertida en palabras, «pero no hay herida, por grave que sea, que perdure bajo la caricia de su mano», dijiste señalando hacia arriba. «No guardes la ofensa, sácala, pero sobre todo vuélcala en el regazo de Jesús, allí se disuelve en el calor de su abrazo».

De esa forma y de mil maneras más me enseñaste la eterna verdad de que, a menos que descanse en Dios, como pastor que soy, y precisamente como pastor y médico del alma, pocas veces tendré la conciencia tranquila. Es harto sabido cuán poco se puede ayudar en realidad, y que un individuo solo no puede luchar contra la inmensidad de la aflicción humana. Lo único que consigue es sacar unas gotas con un dedal de ese mar sin fondo, y aquellos a los que hoy cree haber curado mañana sufren otro achaque de mayor envergadura.

Aprendí contigo que no nos corresponde curar a todos, ni siquiera complacerlos. Solo toca descansar en Dios y hacer lo natural, dejándole a Él que obre lo sobrenatural.

Tu sabiduría, mamá, me hizo aproximarme más a Dios, ¡y también al legendario Moisés!, quien con frecuencia recibió gruesas piedras, como todo árbol cargado de buen fruto.

SIMPLEMENTE UNA ZARZA

Apacentando Moisés las ovejas de Jetro su suegro, sacerdote de Madián, llevó las ovejas a través del desierto, y llegó hasta Horeb, monte de Dios. Y se le apareció el Ángel de Jehová en una llama de fuego en medio de una zarza; y él miró, y vio que la zarza ardía en fuego, y la zarza no se consumía. Entonces Moisés dijo: Iré yo ahora y veré esta grande visión, por qué causa la zarza no se quema. Viendo Jehová que él iba a ver, lo llamó Dios de en medio de la zarza, y dijo: ¡Moisés, Moisés! Y él respondió: Heme aquí. Y dijo: No te acerques; quita tu calzado de tus pies, porque el lugar en que tú estás, tierra santa es. Y dijo: Yo soy el Dios de tu padre, Dios de Abraham, Dios de Isaac, y Dios de Jacob. Entonces Moisés cubrió su rostro, porque tuvo miedo de mirar a Dios.

ÉXODO 3:1-6

Y la gracia del que habitó en la zarza venga sobre la cabeza de José, y sobre la frente de aquel que es príncipe entre sus hermanos.

DEUTERONOMIO 33:16

¿Sabes cuál es el lugar al que nadie ha conseguido llegar? El horizonte. Porque cada vez que pensamos haber alcanzado ese punto, descubrimos que un horizonte nuevo se abre ante nosotros.

El horizonte es esa línea en la que cielo y tierra se funden.

Deberíamos aspirar a ser horizontes: puntos en la tierra con los que el cielo se une.

Como ocurrió con aquella zarza.

Moisés fue atraído por una imagen. Se trataba de una planta espinosa que ardía sin consumirse. El punto vital, sagrado y sobrenatural era la llama, pero el milagro se dio con la unión de ambas: la humilde zarza y el fuego sagrado. El factor humano y el componente divino. Una simbiosis gloriosa... una fusión que actúa como dinamita para el infierno y oxígeno para el mundo.

La zarza sola no habría sido especial. El milagro requería que cielo y tierra se unieran.

El monte Horeb, lugar donde ocurrió el prodigio, está situado al nordeste de Egipto, entre África y Asia. También es conocido como monte Sinaí, nombre que se deriva de la palabra hebrea *seneh*, que significa «planta espinosa». El apelativo le fue dado por la abundancia de zarzas que allí crecen. No son rosaledas, ni pinos negros de madera dura y muy cotizada, ni impresionantes cedros, sino simples zarzas que muchos desprecian, pero que Dios eligió como depositarias del fuego.

Visualiza ese matojo seco; probablemente pasó largo tiempo observando su vida discurrir sin sentido ni propósito, hasta que recibió la visita divina.

Hay dos formas de difundir la luz: ser la vela que la origina o el espejo que la refleja.

Tal vez llevas años esperando que Dios haga algo especial en ti o contigo. ¿Has pensado que tal vez fuiste llamado por Dios a reflejar su luz y su gloria?

Pretendo tomar unos días para hablarte de Moisés, pero permíteme que introduzca esta serie refiriéndome a la zarza.

Lo primero que quiero destacar es su sencillez.

En términos financieros, el valor de la zarza era nulo. En las laderas de aquel monte había cientos de plantas iguales a ella. Su valor estético y decorativo también era inexistente. Nadie elige una zarza para decorar su casa o dar distinción a una fiesta. Sin embargo, esa zarza del Sinaí lleva siglos siendo protagonista de historias, libros y películas. Ningún ejemplar del mundo vegetal alcanzó tal grado de popularidad. Esa zarza fue, es y será conocida y reconocida.

¿La razón? Dios la escogió.

A menudo me he sentido identificado con la zarza, pero no con la ardiente, sino con la solitaria y apagada en la ladera del Sinaí. Con la planta anónima y de nulo valor.

¿Te ha ocurrido a ti?

¿Cuánto crees que vales? No me refiero a tu patrimonio neto. Estoy hablando de ti. *Nunca confundas tus objetos de valor con tu valor como persona. Puedes ser rico o pobre, pero eso no tiene nada que ver con tu auténtico valor.*

No vales por lo que tienes, ni tampoco por lo que haces, vales por quién eres.

Tu valor es tan alto que no se encontró en toda la tierra riqueza suficiente para redimirte y fue preciso que el cielo se vaciara.

Cuando seas tentado a pensar que careces de valor, mira a la cruz... tanto vales.

¿DIOS HABITÓ ENTRE ESPINOS?

Y la gracia del que habitó en la zarza venga sobre la cabeza de José, y sobre la frente de aquel que es príncipe entre sus hermanos.

DEUTERONOMIO 33:16

No deja de sorprenderme esta frase: «El que habitó en la zarza». Hay pájaros que anidan en cactus y en otras plantas espinosas, lo sé, como también sé que las águilas prefieren los tallos de rosal para confeccionar sus nidos, pues las espinas se entrelazan dando una gran consistencia al ponedero, pero confieso mi perplejidad al imaginarme a Dios habitando en una zarza. Sin embargo, bien pensado, no debería sorprenderme tanto, pues Él ya lo declaró:

*Porque así dijo el Alto y Sublime, el que habita la eternidad, y cuyo nombre es el Santo: Yo habito en la altura y la santidad, y **con el quebrantado y humilde de espíritu**, para hacer vivir el espíritu de los humildes, y para vivificar el corazón de los quebrantados.*

ISAÍAS 57:15, énfasis añadido

A la hora de establecer su domicilio, Dios prefiere lo quebrantado y humilde. Maravillosa paradoja divina. Dije en la reflexión anterior que lo primero que me cautiva de la zarza es su sencillez.

Lo segundo que deseo destacar es el lugar inhóspito donde creció.

El abrojo que Dios eligió para manifestarse a Moisés nació y creció en un desierto, demostrando de este modo que el terreno más yermo y hostil puede ser el punto donde el cielo pose su mano. Si en este instante tus pies se queman por el ardor de la tierra; si en torno a ti el suelo humea, no desistas. Permanece. Los dos guerreros más poderosos son la paciencia y el tiempo.

¡Qué mensaje tan reconfortante nos transmite el profeta Isaías!

Te cansaste por lo largo de tu camino, pero no dijiste: «No hay esperanza». Hallaste nuevas fuerzas, por eso no desfalleciste.

ISAÍAS 57: 10, LBLA

Ya sé que la siguiente interrogante la planteé en un capítulo anterior, pero déjame que lo repita: ¿por qué a la gente buena le ocurren cosas malas?

De nuevo, como hice al reflexionar sobre Juan el Bautista, debo confesar que no tengo una respuesta plenamente satisfactoria para esa pregunta. Sin embargo, tengo una convicción: que tengamos problemas no significa que seamos malas personas; significa que somos personas. No significa que seamos seres humanos perversos; significa somos seres humanos.

La Biblia es clara al afirmar que a las personas malas les suceden cosas buenas y algunas veces les suceden cosas malas a la gente buena.

[Dios] que hace salir su sol sobre malos y buenos, y que hace llover sobre justos e injustos.

MATEO 5:45

Me arriesgaré al continuar repitiendo estas reflexiones, pero como alguien me dijo: *si una cosa no merece ser repetida, tampoco merece ser dicha una vez*. La clave de la afirmación está en la repetición; por eso, permite que te recuerde lo que hace poco te dije: cuando atravesamos tiempos difíciles, nuestra primera pregunta suele ser: «¿Por qué a mí?», pero realmente deberíamos preguntar: «¿Por qué no a mí?».

Un antiguo proverbio árabe dice: «Sol constante, sin lluvia, crea un desierto». Si en nuestra vida nunca hemos tenido tiempos tristes, tiempos oscuros o tiempos sombríos, estaremos secos. Además, faltará profundidad y madurez en nuestra vida.

Alguien me dijo en una ocasión: «No te fíes demasiado de las palabras de una persona que no tiene cicatrices». Enfrentar la adversidad y gestionarla adecuadamente confiere peso a nuestra vida y credibilidad a nuestro mensaje.

Lo que hoy es herida mañana será una cicatriz que declare tres cosas: dolió, sanó y hoy es instrumento de sanidad.

Con toda seguridad, la zarza del Sinaí estaría de acuerdo con esta reflexión.

ARDÍA, PERO NO SE CONSUMÍA

Apacentando Moisés las ovejas de Jetro su suegro, sacerdote de Madián, llevó las ovejas a través del desierto, y llegó hasta Horeb, monte de Dios. Y se le apareció el Ángel de Jehová en una llama de fuego en medio de una zarza; y él miró, y vio que la zarza ardía en fuego, y la zarza no se consumía.

ÉXODO 3:1-2

Anteriormente puse de relieve que la zarza me enseña el valor de la sencillez y también lo importante que es permanecer, aunque el lugar sea inhóspito.

La tercera enseñanza que extraigo del espino es que lo importante no es arder, sino permanecer ardiendo.

Y él [Moisés] miró, y vio que la zarza ardía en fuego, y la zarza no se consumía».

Dios confrontó a Moisés y llamó su atención por medio de la zarza ardiente (Éxodo 3:2-5).

Un incendio forestal en una zona semidesértica no es un evento que sorprenda, era frecuente que el tórrido sol convirtiera los abrojos en antorchas. ¿Por qué Moisés se maravilló por la naturaleza de este incendio en particular?

No fue por el fuego, sino por su persistencia. Aquella llama no se extinguía.

Hoy abundan las estrellas fugaces que asombran por un breve tiempo; sin embargo, escasean las luces tenues pero estables. *En lo personal, hace mucho que dejaron de impresionarme los despegues meteóricos, prefiero las trayectorias perseverantes. Me cautiva más la sencilla pero constante luz de una vela que una explosión de pirotecnia, asombrosa pero efímera.*

En definitiva, estoy persuadido de que no es adecuado evaluar una vida por un éxito puntual ni por un error aislado, sino por una trayectoria.

La pirotecnia puede ser eficaz en una campaña evangelizadora, pero para establecer una iglesia no quiero fuegos artificiales, me quedo con luces sencillas y sutiles, pero constantes.

Una de esas trayectorias estables que me inspira es la de Pablo. El apóstol fue una de esas zarzas que ardieron hasta el final de sus días.

Lo más sorprendente del historial de Pablo es que a medida que su ministerio crecía en proyección, él crecía en humildad, y eso me fascina. Mira qué asombrosa trayectoria:

- *Primer peldaño.* «A mí, pues, los de reputación nada nuevo me enseñaron» (Gálatas 2:6). Pablo llevaba cinco años convertido, ¿pero verdad que su afirmación parece un poco prepotente? Podríamos pronunciar así su afirmación: «A mí esas personas tan notables no tienen nada que enseñarme».

- *Segundo peldaño.* «Soy el más pequeño de los apóstoles» (1 Corintios 15:9). Esta afirmación parece mucho mejor que la primera; lo percibo más sencillo y accesible. Su ministerio ha comenzado a crecer y él a decrecer.

- *Tercer peldaño.* «Soy menos que el más pequeño» (Efesios 3:8, LBLA). Esto lo escribió cinco años después del anterior. Me cautiva la manera como la sencillez del apóstol va incrementándose a medida que la gloria de Dios obra en él y a través de él. La mano de Dios va levantando a Pablo, pero Pablo se siente cada vez más pequeño. ¡Qué verdad es que el camino a la grandeza es descendente! Las sencillas zarzas son las que exponen el fuego de Dios. Detrás de Pablo van quedando surcos llenos de vida, pero él no mira sus triunfos, sino a Dios, y cuando uno mira a Dios, las medallas caen del pecho y los trofeos propios se derriten como si fuesen de cera.

- *Cuarto peldaño.* «Jesús vino al mundo para salvar a los pecadores, de los cuales yo soy el primero» (1 Timoteo 1:15). Esta afirmación la hizo veinticinco años después de la primera y dos años antes de morir. Ahora sí ha descubierto que en algo es el número uno: es el primero de los pecadores. Este es el camino, porque *cuando Dios llama a una persona, lo primero que le pide es que muera, y enseguida obra en ella una gloriosa resurrección a una vida de servicio ungido y poderoso.* Dios no hace nada con alguien hasta que no lo ha reducido a nada.

Humildes zarzas es lo que Dios sigue buscando en nuestros días, porque la gloria de Dios pesa tanto que solo puede llevarse de rodillas.

A SOLAS CON DIOS

Y aconteció que al día siguiente Moisés se sentó a juzgar al pueblo; y el pueblo estuvo delante de Moisés desde la mañana hasta el atardecer. Cuando el suegro de Moisés vio todo lo que él hacía por el pueblo, dijo: ¿Qué es esto que haces por el pueblo? ¿Por qué juzgas tú solo, y todo el pueblo está delante de ti desde la mañana hasta el atardecer? Y respondió Moisés a su suegro: Porque el pueblo viene a mí para consultar a Dios. Cuando tienen un pleito, vienen a mí, y yo juzgo entre uno y otro, dándoles a conocer los estatutos de Dios y sus leyes. Y el suegro de Moisés le dijo: No está bien lo que haces. Con seguridad desfallecerás tú, y también este pueblo que está contigo, porque el trabajo es demasiado pesado para ti; no puedes hacerlo tú solo. Ahora, escúchame; yo te aconsejaré, y Dios estará contigo. Sé tú el representante del pueblo delante de Dios, y somete los asuntos a Dios. Y enséñales los estatutos y las leyes, y hazles saber el camino en que deben andar y la obra que han de realizar. Además, escogerás de entre todo el pueblo hombres capaces, temerosos de Dios, hombres veraces que aborrezcan las ganancias deshonestas, y los pondrás sobre el pueblo como jefes de mil, de cien, de cincuenta y de diez. Y que juzguen ellos al pueblo en todo tiempo; y que traigan a ti todo pleito grave, pero que ellos juzguen todo pleito sencillo. Así será más fácil para ti, y ellos llevarán la carga contigo. Si haces esto, y Dios te lo manda, tú podrás resistir y todo este pueblo por su parte irá en paz a su lugar.

ÉXODO 18:13-23, LBLA

Moisés nació en el año 1593 a. C.; sin embargo, su historia contiene los elementos que mucho tiempo después Jesús aplicaría en la instrucción de los suyos. Observa esta escena:

*Entonces los apóstoles **se juntaron con Jesús**, y le contaron todo
lo que habían hecho, y lo que habían enseñado. Él les dijo: **Venid
vosotros** aparte a un lugar desierto, y **descansad un poco**.
Porque eran muchos los que iban y venían, de manera que ni aun
tenían tiempo para comer. Y **se fueron solos en una barca a
un lugar desierto**.*

MARCOS 6:30-32, énfasis añadido

A la lista de elementos que aparece en ese párrafo del Evangelio
de Marcos he dado en llamarla «Factores esenciales para la victoria»:

- *Factor equipo.* No es «ven tú», sino «venid vosotros». Es fundamental entender que las grandes cosas en la vida se alcanzan
cuando soy capaz de trabajar en equipo.
- *Factor reposo.* «Descansad un poco». No había que hacerlo todo
corriendo. Algunas cosas necesitan tiempo, y ocurre con frecuencia que caminar con mesura y calma es la forma más se-
gura de llegar pronto. Nueve mamás no gestan un bebé en un
mes, el proceso de crear vida no conoce de atajos. He podido
comprobar que lo que dura formándose perdura funcionando, y
también he apreciado que no hay vida más vacía que la que está
llena de movimiento desde la mañana hasta la noche.
- *Factor intimidad.* «Se fueron solos [con Jesús] en una barca a un
lugar desierto». Se apartaron como equipo a tener un tiempo de
reposo con la única compañía de Jesús. Cuando la actividad anu-
la a la intimidad estaré activo, pero no seré eficiente. Las alturas
más insondables no se alcanzan a la carrera, sino desde el reposo de las rodillas. No hay nada comparable a la intimidad con
Jesús antes de la actividad para Él. Alguien dijo que «quien no
está dispuesto a demostrar lo que siente, está destinado a perder
lo que ama». Lo mismo ocurre cuando dejamos de expresarle a
Jesús cuánto lo amamos.

Resumiendo, Moisés recibió el sabio consejo de hablar con
Dios acerca de los hombres antes de hablarles a los hombres acerca

de Dios. Siglos después, Jesús preparó a su equipo en el precioso arte de la intimidad antes de enviarlos a la intensa actividad.

En la intimidad con Dios me impregno de amor al sentirme amado por Él. Ese amor será el condimento esencial en todo lo que haga, diga y sea.

Es posible servir sin amar —aunque no es para nada conveniente—, pero es imposible amar sin servir.

CUANDO DIOS DICE «AHORA»

*Ven, por tanto, **ahora**, y te enviaré a Faraón, para que saques de Egipto a mi pueblo, los hijos de Israel. Entonces Moisés respondió a Dios: ¿Quién soy yo para que vaya a Faraón, y saque de Egipto a los hijos de Israel? Y él respondió: Ve, porque yo estaré contigo; y esto te será por señal de que yo te he enviado: cuando hayas sacado de Egipto al pueblo, serviréis a Dios sobre este monte.*

ÉXODO 3:10-12, énfasis añadido

La Biblia está llena de ejemplos que muestran a Dios usando largos procesos para desarrollar carácter en las personas a las que promovería a grandes misiones. Él tomó ochenta años para preparar a Moisés, cuarenta de ellos en el desierto. Durante 14 600 días Moisés seguía esperando y preguntándose: «¿Ya es el tiempo?». Pero Dios seguía diciendo: «Todavía no».

Hoy proliferan los libros con títulos como «Pasos fáciles a la madurez» o «Secretos de la santidad instantánea», pero Dios sigue incluyendo en sus procesos el factor tiempo. El reloj de Dios no se acelera. De su calendario no se desprenden las hojas con precipitación. Para hacer un hongo solo necesita una noche, pero cuando quiere levantar un roble, se toma cien años.

Muy pocas personas quieren tomar parte en los procesos, pero todas quieren gozar de los resultados. Son los procesos los que determinan quién merece disfrutar de los resultados.

Los grandes espíritus se cultivan a través de luchas, tormentas y periodos de sufrimiento. Ten paciencia en el proceso. Santiago nos dice que «la paciencia debe alcanzar la meta de hacerlos completamente maduros y mantenerlos sin defecto» (Santiago 1:4, PDT).

Los estudios de liderazgo que cursó Moisés tuvieron lugar en la universidad radicada en el corazón del desierto de Judea, y lo hizo pastoreando ovejas que ni siquiera eran suyas, sino propiedad de su suegro, Jetro. Tiempo atrás, Moisés había emprendido, él solito y por iniciativa propia, su cruzada contra los egipcios. En su campaña personal, se enfrentó a soldados de Faraón y quitó la vida a uno de ellos. Quiso asumir el papel de libertador, pero solo logró convertirse en asesino.

Moisés era un tipo intrépido que no se arredraba ante el peligro. Sin embargo, cuando por fin Dios lo llama para enviarlo a la misión, se siente incapacitado, pequeño e insuficiente. No encuentra en sí las fuerzas necesarias para acometer la empresa que se le encomienda.

Hay dos expresiones en el texto que hoy tenemos como referencia que llaman mi atención; una es pronunciada por Dios y la otra por Moisés:

1. Dios le dijo a Moisés: «Ven, por tanto, *ahora*, y te enviaré». Casi puedo escuchar a Dios conversando con el profeta: «Es ahora, Moisés, cuando debes actuar. No fue antes ni será mañana. Ahora es el momento».

2. He aquí la respuesta de Moisés: «¿Quién soy yo para que vaya [...]?». Me sorprende esta reacción. A juzgar por los últimos acontecimientos que jalonan su historial, pareciera que Moisés estaba ansioso por actuar, pero cuando por fin llega la orden, se siente incapaz de ejecutarla.

A simple vista, esa sensación de no poder parece un inconveniente; sin embargo, se trata de una gran virtud.

En la sociedad actual prevalece la autosuficiencia y el empoderamiento, pero en el reino de Dios sigue cotizando al alza la dependencia de Él. Moisés estaba en el punto idóneo: el de la sujeción a Dios.

Me cautiva el juego de palabras que aparece en el relato: al recibir la comisión lanza esta pregunta: «¿Quién soy yo?» (Éxodo 3:10).

La respuesta de Dios a Moisés: «YO SOY» (Éxodo 3:14).

¿Puedes apreciar el maravilloso trueque de palabras? Moisés articula la frase colocando el verbo ante el pronombre: «¿Soy yo?».

Dios interviene y pone el pronombre, su pronombre, ante el verbo: «Yo soy». Puedo detectar la intencionalidad de que Moisés escuche a Dios diciéndole: «Se trata de mí y no de ti. Casi nada depende de ti, porque todo depende de mí».

Solo Dios es, solo Dios puede, solo Dios sabe... solo Dios es el verdadero sabio.

Ven, por tanto, ahora, y te enviaré a Faraón, para que saques de Egipto a mi pueblo, los hijos de Israel. Entonces Moisés respondió a Dios: ¿Quién soy yo para que vaya a Faraón, y saque de Egipto a los hijos de Israel? Y él respondió: Ve, porque yo estaré contigo; y esto te será por señal de que yo te he enviado: cuando hayas sacado de Egipto al pueblo, serviréis a Dios sobre este monte.

ÉXODO 3:10-12

Siglos después de los acontecimientos relatados, un apóstol del Señor con muchos rasgos de temperamento similares a los de Moisés, intrépido y muy activo como lo fue el profeta de la zarza, vivió una situación interesante. Me estoy refiriendo al apóstol Pablo, en quien encuentro rasgos muy similares a Moisés. También Pablo enfrentó momentos de debilidad y rogó a Dios al respecto. La respuesta que recibió la relata de la siguiente manera: «Y me ha dicho [Dios]: Bástate mi gracia; porque mi poder se perfecciona en la debilidad. Por tanto, de buena gana me gloriaré más bien en mis debilidades, para que repose sobre mí el poder de Cristo» (2 Corintios 12:9).

El corazón de la enseñanza que me motiva a escribir esto se resume en que hay momentos, situaciones y circunstancias que parecen lo peor, pero encierran lo mejor. La aparente incapacidad de Moisés («¿Quién soy yo?») no supuso una limitación, sino el resorte que activó la intervención de Dios a su favor.

Una vieja historia de autor desconocido relata lo siguiente:

Una vez, en un reino muy lejano, hubo un maestro que emprendió un viaje en compañía de uno de sus discípulos. Una feroz tormenta los sorprendió y buscaron dónde resguardarse. Tras ser rechazados en un par de granjas, fueron acogidos por una familia que vivía de forma muy humilde, sin más riqueza que una vaca con cuya leche iban saliendo adelante. Esa noche compartieron lo poco que tenían con el maestro y su discípulo. Eran buena gente; pobre, pero muy honrada y de corazón bondadoso.

Al día siguiente, cuando la tormenta dejó paso a la calma, el maestro y su discípulo se dispusieron a seguir su camino. El maestro estaba muy agradecido con esta familia, y como era un buen maestro, vio una oportunidad magnífica de enseñarle algo a su discípulo. Así que, antes de salir al alba, el maestro llevó a su discípulo al establo y, en su presencia, con un gesto certero, degolló a la vaca ante la mirada aterrorizada e incrédula de su discípulo, que no tuvo tiempo de reaccionar. Sin revelar nada a los dueños de la casa, reanudaron su viaje.

El discípulo siguió varios años con su amo, pero desde aquel día arrastró una horrible culpabilidad por el daño provocado a aquella familia que los acogió con tanta amabilidad y a la que habían dejado sin su medio de sustento.

Fue un tema que su maestro nunca quiso comentar y que él tampoco se atrevía a debatir, pero no comprendía un acto tan horrible en su maestro, alguien que, salvo por esto, demostró siempre ser un hombre sabio y bueno.

Un día no aguantó más y decidió visitar a aquella familia con el objetivo de, como fuera, reparar aquel daño.

Cuando llegó al lugar, le costó reconocer la granja. Donde antes había un edificio oscuro y lleno de desperfectos, ahora se alzaba una hermosa casa bien cuidada; las tierras que antes estaban abandonadas y muertas, ahora eran sembrados que ya mostraban la incipiente cosecha; también había gallinas y un establo con varios animales.

El discípulo temió lo peor: seguramente aquella pobre gente que los acogió se habría visto obligada a vender sus terrenos y emigrar a otro lugar. Temeroso, llamó a la puerta y, para su sorpresa, le abrió el mismo hombre que en aquella tormentosa noche los había recibido. Estaba sonriente y parecía incluso más joven.

El anfitrión que, obviamente, nunca supo que maestro y discípulo habían matado a su vaca, lo reconoció con alegría y lo invitó a comer con ellos. En la comida fue cuando el discípulo se enteró de cómo, al haber perdido el animal con el que subsistían, la angustia y desesperación ante el invierno que se acercaba los llevó a buscar otra forma de ganarse la vida.

Cambiaron a sus vecinos parte de la leche que les quedaba y parte de la carne del animal por harina, verduras y algunas semillas. Limpiaron y araron su terreno, que resultó ser fecundo por el prolongado barbecho que había tenido, y dio una buena cosecha, que vendieron, en parte, para comprar algunas gallinas ponedoras. Trabajaron mucho y lograron que sus tierras dieran buen producto. Con parte de los beneficios arreglaron la casa.

Ahora tenían para vivir y para hacer trueque. Seguían viviendo humildemente, pero mucho mejor que antes.

La familia concluyó que haber perdido aquella vaca fue en realidad una bendición.

El discípulo volvió con su maestro, quien, por supuesto, le explicó la moraleja. Pero no hacía falta, pues ya la había captado. Le explicó que es nuestra conformidad con lo que tenemos y nuestro miedo a lo desconocido lo que nos paraliza y nos impide progresar y desarrollar todas nuestras capacidades.

En ocasiones es mejor «matar la vaca» y no tener más remedio que enfrentar nuestros miedos para que salga lo mejor de nosotros.

La paciencia debe alcanzar la meta de hacerlos completamente maduros y mantenerlos sin defecto.

SANTIAGO 1:4, PDT

MOISÉS Y SU CARÁCTER

En aquellos días sucedió que crecido ya Moisés, salió a sus hermanos, y los vio en sus duras tareas, y observó a un egipcio que golpeaba a uno de los hebreos, sus hermanos. Entonces miró a todas partes, y viendo que no parecía nadie, mató al egipcio y lo escondió en la arena. Al día siguiente salió y vio a dos hebreos que reñían; entonces dijo al que maltrataba al otro: ¿Por qué golpeas a tu prójimo? Y él respondió: ¿Quién te ha puesto a ti por príncipe y juez sobre nosotros? ¿Piensas matarme como mataste al egipcio? Entonces Moisés tuvo miedo, y dijo: Ciertamente esto ha sido descubierto. Oyendo Faraón acerca de este hecho, procuró matar a Moisés; pero Moisés huyó de delante de Faraón, y habitó en la tierra de Madián. Y estando sentado junto al pozo, siete hijas que tenía el sacerdote de Madián

*vinieron a sacar agua para llenar las pilas y dar de beber a
las ovejas de su padre. Mas los pastores vinieron y las echaron de allí; entonces Moisés se levantó y las defendió, y dio
de beber a sus ovejas.*

ÉXODO 2:11-17

*Y aquel varón Moisés era muy manso, más que todos los
hombres que había sobre la tierra.*

NÚMEROS 12:3

Hace poco, un pastor veterano dijo: «La mayor amenaza de
la iglesia son los líderes cuyas vidas tienen kilómetros de
influencia, pero centímetros de profundidad».

Dios busca servidores más interesados en profundizar su expe-
riencia que en divulgar su apariencia.

Siempre llamó mi atención el hecho de que cuando Dios dictó
las normas para la construcción del templo prescribiera madera de
los cedros del Líbano. Entre las características de este árbol, aparte
de su indudable dureza, está la extraordinaria dimensión de sus
raíces. No hace mucho que en Madrid, ciudad española en la que
nací y donde resido, estaban reparando una calzada y al levantar el
asfalto encontraron fuertes y gruesas raíces. Les pareció extraño
el hallazgo, pues no había vegetación próxima. Las averiguacio-
nes permitieron descubrir que aquellas raíces pertenecían a unos
cedros que se alzaban a ochenta metros de distancia.

Las largas y poderosas raíces del cedro le permiten soportar
el embate de grandes tempestades que, lejos de tumbarlo, incre-
mentan su solidez y robustecen su madera. Personas con esa
característica son las que Dios busca para edificar su Iglesia: vidas
más interesadas en la profundidad que en la apariencia. Siervos con
más énfasis en arraigarse que en exhibirse. Más interesados en una
sólida cimentación que en lujosas vidrieras y ostentosos adornos.
Más atraídos por la trinchera que por el trono.

Hoy miro a Moisés, quien llegó a ser un hombre de gran profundidad espiritual. Pero no siempre fue así, pues para alcanzar esa condición tuvo que hacer importantes ajustes e implementar cosas esenciales en su vida.

El primer ajuste que Moisés hizo fue en lo relativo al enfoque de su mirada, pues pasó de ser una persona cuya visión estaba sistemáticamente orientada a los hombres a ser un siervo que tenía una intensa e íntima relación con Dios.

Recordemos cómo describe la Biblia al primer Moisés:

Aconteció que al día siguiente se sentó Moisés a juzgar al pueblo; y el pueblo estuvo delante de Moisés desde la mañana hasta la tarde. Viendo el suegro de Moisés todo lo que él hacía con el pueblo, dijo: ¿Qué es esto que haces tú con el pueblo? ¿Por qué te sientas tú solo, y todo el pueblo está delante de ti desde la mañana hasta la tarde? Y Moisés respondió a su suegro: Porque el pueblo viene a mí para consultar a Dios. Cuando tienen asuntos, vienen a mí; y yo juzgo entre el uno y el otro, y declaro las ordenanzas de Dios y sus leyes. Entonces el suegro de Moisés le dijo: No está bien lo que haces. Desfallecerás del todo, tú, y también este pueblo que está contigo; porque el trabajo es demasiado pesado para ti; no podrás hacerlo tú solo. Oye ahora mi voz; yo te aconsejaré, y Dios estará contigo. Está tú por el pueblo delante de Dios, y somete tú los asuntos a Dios. Y enseña a ellos las ordenanzas y las leyes, y muéstrales el camino por donde deben andar, y lo que han de hacer.

ÉXODO 18:13-20

Moisés estaba delante del pueblo desde la mañana hasta la tarde, por lo que el consejo del sabio Jetro fue: «Estás equivocándote de audiencia; no es ante el pueblo ante quien debes pasarte el día. Lo que te corresponde es estar delante de Dios, a favor del pueblo. Hablar con Dios mucho más que con el pueblo».

Pocas veces he escuchado una recomendación tan acertada.

«Habla con Dios acerca del pueblo mucho más de lo que le hablas al pueblo acerca de Dios». Eso es lo que caracteriza a un líder espiritual.

Moisés tuvo el acierto de escuchar el consejo —aunque viniera de su suegro— y aplicarlo. Tiempo después, la Biblia describe de este modo la relación de Dios con Moisés:

Y hablaba Jehová a Moisés cara a cara, como habla cualquiera a su compañero.

ÉXODO 33:11

Y nunca más se levantó profeta en Israel como Moisés, a quien haya conocido Jehová cara a cara.

DEUTERONOMIO 34:10

No tengo la menor duda de que esta relación con Dios fue determinante para que el iracundo Moisés fuera revistiéndose de mansedumbre. Cuando mi servicio se enfoca en las personas mucho más que en Dios, el servicio se convierte en trabajo y el privilegio en carga. El trabajo cansa, y cuando estamos cansados nos volvemos irascibles. Sin embargo, cuando sirvo a Dios y cuido la comunión con Él, una gratificante paz envuelve el alma, mientras que el sagrado óleo de su presencia engrasa cada mecanismo de mi vida.

DE LA IRA A LA MANSEDUMBRE

En aquellos días sucedió que crecido ya Moisés, salió a sus hermanos, y los vio en sus duras tareas, y observó a un egipcio que golpeaba a uno de los hebreos, sus hermanos. Entonces miró a todas partes, y viendo que no parecía nadie, mató al egipcio y lo escondió en la arena.

ÉXODO 2:11-12

Y aquel varón Moisés era muy manso, más que todos los hombres que había sobre la tierra.

NÚMEROS 12:3

Vimos que el primer gran ajuste que Moisés hizo en su vida fue anteponer la comunión con Dios a la relación con las personas. Se hizo más «orante» que «orador».

El otro gran ajuste tuvo que ver con su temperamento.

El texto bíblico con el que inauguramos esta reflexión muestra a Moisés iracundo y agresivo. Otros episodios lo muestran igualmente colérico. En un momento dado se interpone entre dos que discutían e intenta imponer la ley; más adelante se enfrenta él solo contra un grupo de pastores y, por lo que se deduce del texto, sale invicto de la confrontación. Pero lo más asombroso es que, como dijimos páginas atrás, en un arranque de ira, Moisés llegó a asesinar a un egipcio que maltrataba a un hebreo.

El caso de Moisés es ilustrativo de la escalada de violencia en la que un temperamento puede sumirnos cuando no sabemos gestionarlo y subyugarlo.

A la luz de esto, volvamos a mirar este texto bíblico: «Y aquel varón Moisés era muy manso, más que todos los hombres que había sobre la tierra» (Números 12:3).

¿Moisés, el hombre más manso en la tierra?

¿Estamos hablando de la misma persona a la que hace referencia el texto bíblico que hoy citamos?

¿Cómo puede entenderse un cambio tan drástico y radical?

¿Cómo llegó a producirse esta transformación?

Acompáñame, por favor, y recorramos juntos el proceso que convirtió a alguien impulsivo e iracundo en el ser más manso de la tierra.

Comencemos mirando algunos aspectos destacables en la personalidad de Moisés.

Era un hombre de firmes principios.

Moisés era un hombre de principios firmes y de fuertes convicciones.

Creció en la opulencia del palacio de Egipto como hijo de la hija de Faraón. Es decir, como nieto del ser más poderoso que había en la tierra en ese momento. Pero cuando supo que era hebreo y no egipcio, no le importó renunciar a todo el lujo de palacio, ni dejar de ser el nieto adoptivo del emperador de Egipto para ser uno más de una extraña tribu de esclavos que adoraban a un dios —figúrense qué raro— que ni siquiera tenía nombre.

Esto le ocurrió a Moisés, no a los veinte años, ni siquiera a los treinta, fue a los cuarenta años de edad.

Su ochenta cumpleaños lo celebró pastoreando ovejas en un desierto en el norte de Arabia, pero ni siquiera eran suyas las ovejas, eran de su suegro.

No le importó que en su cultura ese trabajo fuera considerado una ocupación miserable, reservada para el menor de la casa o el más débil de los esclavos adquiridos.

Moisés era un hombre de firmes principios y fiel a su palabra. Algo, sin duda, digno de elogio.

Era un hombre colérico e iracundo.

Pero Moisés, un hombre de principios, era a la vez extremadamente colérico. Se dejaba llevar por severos arrebatos de ira, y esto es algo muy peligroso.

La diferencia entre un billete de diez euros y otro de cien no viene dada por la calidad del papel ni por su dureza. Ambos son frágiles. La diferencia radica en la imagen impresa en cada uno de ellos.

La palabra griega *charaktér*, de la cual procede nuestro vocablo «carácter», significa literalmente «marca impresa».

Así que carácter es la marca impresa en mi exterior, la imagen que los demás aprecian al mirarme. Y el auténtico carácter se revela precisamente en los momentos de máxima presión. *Al igual que ocurría con las antiguas fotografías, el carácter se revela en la oscuridad. Las dificultades y adversidades sacan a la luz el carácter de las personas.*

¡Una consecuencia del temperamento airado de Moisés fue que rompió las tablas escritas por el dedo de Dios!

Y dio [Dios] a Moisés, cuando acabó de hablar con él en el monte Sinaí, dos tablas del testimonio, tablas de piedra escritas con el dedo de Dios.

ÉXODO 31:18

Es el único documento respecto al que nos consta que fue manuscrito divino. Jehová grabó con su propio dedo aquel decálogo.

¡Un documento escrito de puño y letra por Dios! Algo de valor incalculable. Sin embargo, ¿qué ocurrió con esa joya?

*Y aconteció que cuando él [Moisés] llegó al campamento, y vio el becerro y las danzas, **ardió la ira de Moisés**, y arrojó las tablas de sus manos, y las quebró al pie del monte.*

ÉXODO 32:19, énfasis añadido

Destruyó el manuscrito divino.

Tal vez pienses: *Bueno, no se perdió nada, pues más tarde Dios le entregó nuevas tablas con la ley escrita.*

No, Dios le dio unas tablas para que Moisés escribiera. Fueron dictadas por Dios, pero no escritas por Él.

Y Jehová dijo a Moisés: Escribe tú estas palabras [...]. Y él estuvo allí con Jehová cuarenta días y cuarenta noches [...]; y escribió en tablas las palabras del pacto.

ÉXODO 34:27-28

La ira de Moisés destruyó el manuscrito divino.

Golpeó con ira la peña.

En Números 20 se relata otro episodio en el que Moisés perdió el control ante las críticas del pueblo. En esa ocasión golpeó con ira la peña de la que Dios haría brotar agua. Por ese motivo Dios le impidió poner el pie en la tierra prometida.

La ira frustró el plan de Dios con su vida.

Usemos la sinceridad como linterna y no como revólver.

Con nuestra franqueza podemos iluminar el camino de nuestro prójimo, pero también podemos convertir la sinceridad en munición que perfore su alma y lo destruya.

Las palabras son como las abejas, fabrican miel y portan un aguijón. Con las palabras podemos sanar o herir; construir o destruir.

Hablando la verdad en amor, crezcamos en todos los aspectos en aquel que es la cabeza, es decir, Cristo.

EFESIOS 4:15, LBLA

Se trata de hablar la verdad, pero envuelta en amor. Un diamante entregado con ternura es un regalo que enriquece; arrojado a la cara, es una agresión que hiere.

¿Oíste que cinco minutos de autocontrol pueden ahorrar muchos años de sufrimiento?

Moisés era una de esas personas que van a corazón abierto y arrasan con todo. Un cristal transparente y sincero, pero con afiladas aristas. El Señor trabajaría con él hasta pulir cada uno de sus filos cortantes, convirtiéndolo en el hombre más manso que había sobre la tierra (Números 12:3).

PULAMOS EL CRISTAL

Moisés cuidaba las ovejas de su suegro Jetro, que era sacerdote de Madián, y un día las llevó a través del desierto y llegó hasta el monte de Dios, que se llama Horeb. Allí el ángel del Señor se le apareció en una llama de fuego, en medio de una zarza. Moisés se fijó bien y se dio cuenta de que la zarza ardía con el fuego, pero no se consumía. Entonces pensó: «¡Qué cosa tan extraña! Voy a ver por qué no se consume la zarza.»

Cuando el Señor vio que Moisés se acercaba a mirar, lo llamó desde la zarza:

—¡Moisés! ¡Moisés!

—Aquí estoy —contestó Moisés.

Entonces Dios le dijo:

—No te acerques. Y descálzate, porque el lugar donde estás es sagrado.

Y añadió:

—Yo soy el Dios de tus antepasados. Soy el Dios de Abraham, de Isaac y de Jacob.

Moisés se cubrió la cara, pues tuvo miedo de mirar a Dios, pero el Señor siguió diciendo:

—Claramente he visto cómo sufre mi pueblo que está en Egipto. Los he oído quejarse por culpa de sus capataces, y sé muy bien lo que sufren. Por eso he bajado, para salvarlos del poder de los egipcios; voy a sacarlos de ese país y a llevarlos a una tierra grande y buena, donde la leche y la miel corren como el agua. Es el país donde viven los cananeos, los hititas, los amorreos, los ferezeos, los heveos y los jebuseos. Mira, he escuchado las quejas de los israelitas, y he visto también que los egipcios los maltratan mucho. Por lo tanto, ponte en camino, que te voy a enviar ante el faraón para que saques de Egipto a mi pueblo, a los israelitas.

Entonces Moisés le dijo a Dios:

—¿Y quién soy yo para presentarme ante el faraón y sacar de Egipto a los israelitas?

Y Dios le contestó:

—Yo estaré contigo, y ésta es la señal de que yo mismo te envío: cuando hayas sacado de Egipto a mi pueblo, todos ustedes me adorarán en este monte.

ÉXODO 3:1-12, DHH

Lo he decidido, usaré mis errores como peldaños y con ellos construiré una escalera que me alce a la excelencia. ¿Y los éxitos? Los saborearé un rato, como hago con el chicle, para luego desecharlos. Viajar con el peso de un error mata, pero cargar los éxitos más tiempo del necesario termina doblegándonos también. Como alguien me recomendó: sobreponte a tus fracasos, pero no dejes que tus triunfos te venzan.

Miremos el proceso que Dios siguió para pulir las aristas de aquel cristal cortante que era Moisés.

Dijimos que lo que confiere valor al pedazo de papel para convertirlo en dinero es la marca que lleva impresa. También dijimos que la palabra que al español nos llega como «carácter» es la expresión griega *charaktér*, que significa «marca impresa».

Para que la imagen quede impresa sobre el papel son necesarias dos cosas: calor y presión.

Sobre pulir el cristal

El primer capítulo del trato de Dios con el hiriente Moisés se tituló «Cuarenta años de desierto». Desde los cuarenta a los ochenta años de edad estuvo pastoreando ovejas en un desierto en el norte de Arabia.

¡Cuántos temperamentos destemplados se han templado bajo el fuego de la prueba! ¡Cuántos instrumentos que luego dieron gloria a Dios adquirieron forma en la incómoda y dolorosa fragua!

Cuando entramos en una prueba, deberíamos escuchar de nuevo las palabras de Jesús cuando dice: «Esta enfermedad no es para muerte, sino para la gloria de Dios, para que el Hijo de Dios sea glorificado por ella» (Juan 11:4).

La prueba siempre es proporcional a la misión.

Alguien me lo dijo con estas palabras tan precisas y adecuadas: cuando huyes de las adversidades que tienes que tratar, estás huyendo de tu destino.

Seguramente sabes que Moisés vivió ciento veinte años, y tal vez sepas también que su vida puede dividirse en tres periodos de idéntica duración:

- Cuarenta años en la residencia del faraón de Egipto.
- Cuarenta años pastoreando las ovejas de su suegro.
- Cuarenta años como líder del pueblo hebreo que salió de la cautividad.

Alguien lo concretó diciendo que *Moisés vivió cuarenta años creyendo que era alguien, otros cuarenta aprendiendo que no era nadie y los restantes cuarenta comprobando lo que Dios es capaz de hacer con «nadie».*

Una espada llamada a conquistar victorias en el fragor de la batalla precisará recibir más fuego y golpes sobre el yunque que un cuchillo de cocina cuya misión más importante será trocear un bistec.

Sin embargo, permíteme sumar a la anterior otra analogía. Moisés no solo fue como la espada templada en la fragua del herrero y afilada sobre el yunque, también fue ese cristal de extraordinaria transparencia, pero de filo cortante. Tras ser pulido por el proceso divino, el cristal se convirtió en una copa de la que muchos pudieron beber para calmar su sed.

Aun así, el cristal también requiere fuego para ser moldeado.

En conclusión

¿Acaso Dios convirtió al fuerte e impulsivo Moisés en un medroso y pusilánime? De ninguna manera. Mansedumbre no es debilidad, sino fuerza bajo perfecto control.

Se decía de Abraham Lincoln que era «un hombre de acero y a la vez de terciopelo». Creo que lo mismo podría decirse acerca del Moisés que surgió del proyecto divino, pero abordaremos este asunto de manera pormenorizada en la próxima jornada de este libro.

CARÁCTER VS. TEMPERAMENTO

En aquellos días sucedió que crecido ya Moisés, salió a sus hermanos, y los vio en sus duras tareas, y observó a un egipcio que golpeaba a uno de los hebreos, sus hermanos. Entonces miró a todas partes, y viendo que no parecía nadie, mató al egipcio y lo escondió en la arena. Al día siguiente salió y vio a dos hebreos que reñían; entonces dijo al que maltrataba al otro: ¿Por qué golpeas a tu prójimo? Y él respondió: ¿Quién te ha puesto a ti por príncipe y juez sobre nosotros? ¿Piensas matarme como mataste al egipcio? Entonces Moisés tuvo miedo, y dijo: Ciertamente esto ha sido descubierto. Oyendo Faraón acerca de este hecho, procuró matar a Moisés; pero Moisés huyó de delante de Faraón, y habitó en la tierra de Madián. Y estando sentado junto al pozo, siete hijas que tenía el sacerdote de Madián vinieron a sacar agua para llenar las pilas y dar beber a las ovejas de su padre. Mas los pastores vinieron y las echaron de allí; entonces Moisés se levantó y las defendió, y dio de beber a sus ovejas.

ÉXODO 2:11-17

93

Y aquel varón Moisés era muy manso, más que todos los hombres que había sobre la tierra.

NÚMEROS 12:3

Hemos dedicado muchas líneas de este libro a ingerir y digerir el contenido de las dos porciones de la Biblia con las que también abrimos esta sección. Ya comentamos la sorpresa que produce ver que las dos citas se refieren al mismo hombre, cuando por su contenido, podríamos pensar que hacen referencia a dos personas radicalmente opuestas. El primero nos habla de alguien que dirime sus diferencias quitando la vida a su oponente y el segundo lo define como la persona más mansa sobre la tierra.

Mencionamos que el cambio experimentado tenía su base en el trato de Dios que fue puliendo la vida de Moisés.

Primero era como un cristal de extraordinaria transparencia, pero de aristas cortantes.

En el proceso se convirtió en un cristal pulido, sin peligrosos filos que pudieran dañar a nadie.

Finalmente, el cristal fue modelado para transformarse en una copa capaz de calmar la sed de los demás.

Ahora me cabe una pregunta: a través de ese proceso, ¿convirtió Dios al intrépido Moisés en un ser medroso y pusilánime? La respuesta es *no*. Por supuesto que no.

El libertador de Israel era manso, pero no débil. Adquirió dominio propio, pero no cobardía.

Mansedumbre no es debilidad, sino fuerza bajo perfecto control.

Vi un claro ejemplo de lo que es mansedumbre cuando, hace años y en el desempeño de mi trabajo, asistí a la presentación de una gigantesca y novedosa prensa neumática diseñada para modelar acero. Aquel imponente monstruo tecnológico y mecánico contaba con un cabezal que al descender era capaz de aplicar muchas toneladas de presión. De un solo golpe podía cortar limpiamente una gruesa plancha de acero o doblar una viga de hierro con la facilidad con la que un niño amasa arcilla húmeda.

La parte más impresionante de la presentación fue cuando en el molde de la prensa colocaron una nuez. Calibraron la potencia del cabezal y luego lo activaron; el letal martillo descendió con milimétrica precisión y tras posarse sobre la nuez se detuvo, esta se abrió por la mitad sin deteriorarse en lo más mínimo.

Observé con asombro la pulcritud de aquel trabajo. Pudiendo haber pulverizado aquella nuez, la tocó con la presión justa para abrirla sin herirla.

Eso es mansedumbre: «fuerza bajo perfecto control». Así es una persona con el fruto espiritual de la mansedumbre: alguien capaz de confrontar a los demonios y vencerlos, pero a la vez capaz de tratar con un corazón alterado y calmarlo; un cirujano hábil con la capacidad de tratar con un alma herida y sanarla.

En el cierre de la sección anterior comenté que a Abraham Lincoln se le definió como «un hombre de acero y a la vez de terciopelo».

De Jesucristo se decía: «¡Jamás hombre alguno ha hablado como este hombre!» (Juan 7:46). Y aclara la Biblia: «Porque les enseñaba como quien tiene autoridad, y no como los escribas» (Mateo 7:29)

Sin embargo, al mismo tiempo, Jesús inspiraba confianza en los niños y en sus padres. La mano de Jesús calmaba la furia del viento y del mar, pero luego se posaba sobre el hombro del desvalido y enjugaba las lágrimas del desconsolado.

SOY UNA PERSONA DE CARÁCTER FUERTE, ¿QUÉ PUEDO HACER?

Entonces Moisés respondió a Dios: ¿Quién soy yo para que vaya a Faraón, y saque de Egipto a los hijos de Israel? Y él respondió: Ve, porque yo estaré contigo; y esto te será por señal de que yo te he enviado: cuando hayas sacado de Egipto al pueblo, serviréis a Dios sobre este monte.

ÉXODO 3:11-12

Me hace sonreír la lectura de estos versículos que encabezan la reflexión de hoy. Ver a Moisés dudando de sí mismo («¿Quién soy yo?») me afirma en la idea de que Dios había tratado con su vida puliendo su temperamento. El grano de trigo estaba siendo molido para transformarlo en harina con la que fabricar nutritivo pan.

Algo así ocurrió con Moisés.

Entre el Moisés iracundo y autosuficiente que intentó hacer las cosas a su manera y este otro que duda de su capacidad y muestra una gran dependencia de Dios, hay un puente que el profeta cruzó..., un puente llamado «cuarenta años de proceso».

He escuchado decir: «Soy una persona de carácter fuerte, ¿cómo puedo corregirlo?».

Para dar respuesta a esta pregunta me parece importante que distingamos entre temperamento y carácter, pues son dos cosas diferentes.

Hablemos del temperamento

1. Cada ser humano tiene un temperamento.

Tan inevitable como tener un corazón o una cabeza es tener un temperamento. Tan necesario como un corazón o una cabeza es un temperamento.

Hay diversos temperamentos y notables diferencias entre ellos. Los especialistas establecen una amplia lista de temperamentos, pero coinciden en que la categorización básica consta de cuatro:

- Colérico.
- Sanguíneo.
- Melancólico.
- Flemático.

2. Existen diferencias esenciales entre los diversos temperamentos.

Cada temperamento tiene sus particularidades:

El sanguíneo parece vivir sobre las botas de siete leguas y su aparente propósito es despegar hoy y aterrizar ayer.

El flemático, por el contrario, parece tener en sus piernas unos grilletes con bolas de hierro de 500 kilos. Además, la persona de temperamento flemático suele ser imperturbable; es más fácil que maúlle un gato de escayola que se enfade un flemático.

El colérico es emprendedor e impulsivo. Va por la vida con las venas de la frente y el cuello hinchadas, pues cualquier situación medianamente complicada es digna de un estado de exaltación.

El melancólico, sin embargo, camina por el mundo con su libro de poemas abierto y a cualquier florecita del camino la considera merecedora de una canción o una pintura.

Sí, son cuatro temperamentos principales y luego hay infinidad de combinaciones, pues todos contamos con un temperamento dominante y otro secundario. En definitiva, todos somos temperamentalmente distintos y eso es necesario y también positivo. Como positivo y necesario es aprender a asumir y aceptar nuestro temperamento, porque si el veloz sanguíneo intenta asumir el ritmo del flemático, se va a descomponer; y si el calmado flemático intenta equipararse al sanguíneo, se va a descoyuntar.

3. Jesucristo no menospreció ningún temperamento.

Jesús incorporó a sus filas a discípulos de lo más variado. Así, podemos encontrar al flemático Natanael, a quien el Evangelio menciona en solo dos ocasiones: una reposando a la sombra de una higuera (Juan 1:45-51), y la otra descansando junto al mar de Galilea (Juan 21:2).

Sin embargo, también encontramos a los sanguíneos e intrépidos Jacobo y Juan, quienes se ganaron a pulso el sobrenombre de Boanerges, cuyo significado es «hijos del trueno». Tenían una curiosa forma de dirimir los conflictos interpersonales: se volvían a Jesús y le sugerían: «Señor, ¿podemos pedir que descienda fuego del cielo y los consuma?».

También estaba el colérico Pedro, quien siempre iba un paso por delante del resto y respondía antes de que le hubieran formulado la pregunta. Por otro lado, su forma de resolver conflictos era desenvainar la espada y con ella desprender las orejas del cráneo del enemigo.

En cambio, a su lado caminaba el melancólico Tomás, quien era desconfiado en extremo; su lema de vida era «si no lo veo, no lo creo». Tampoco se caracterizaba por el optimismo: ante la sugerencia de Jesús de ir a visitar al enfermo Lázaro, replicaba: «De acuerdo, vamos y así morimos todos con él».

¿Pensabas que los discípulos de Jesús eran perfectos? No lo eran, en absoluto. Solo eran humanos, tan humanos como tú y como yo, y como cualquiera de nuestros vecinos. Personas con un temperamento no del todo pulido, sin embargo, fueron el embrión de un avivamiento que alcanzó a todas las naciones y a todas las generaciones.

Como dijimos al principio, una cosa es el temperamento y otra distinta el carácter.

Hablemos ahora de carácter.

1. El carácter debe controlar al temperamento.

Jesús no anuló el temperamento de ninguno de sus discípulos, pero imprimió (recuerda que la palabra «carácter» viene de «marca impresa») en ellos un carácter. El temperamento debe estar sometido a un carácter.

Si el temperamento colérico nos mantiene permanentemente en la cima de la exaltación y tenemos frecuentes arranques de ira, es porque falta un carácter.

Si el temperamento melancólico nos sume continuamente en los abismos del decaimiento, es porque falta un carácter.

Permíteme la analogía: el temperamento es un caballo y el carácter es el jinete que debe domarlo y guiarlo.

2. Hay una sola opción de carácter para un hijo de Dios.

Al hablar de temperamentos hemos visto que existen múltiples opciones, pero al hablar de carácter, si somos hijos de Dios comprometidos, solo tenemos una opción: carácter cristiano.

Tal vez estás preguntándote: ¿cómo consigo ese carácter?

Recordemos una vez más que «carácter» viene del griego *charaktér*, que significa «marca impresa». Nuestra marca, sello e impresión es el Espíritu Santo:

El que nos ungió es Dios, el cual también nos ha sellado, y nos ha dado las arras del Espíritu.

2 CORINTIOS 1:21-22

Fuisteis sellados con el Espíritu Santo de la promesa.

EFESIOS 1:13

No contristéis al Espíritu Santo de Dios, con el cual fuisteis sellados.

EFESIOS 4:30

María Magdalena

Y, sin embargo, mamá, ¡siempre luchaste con la sensación de querer ser más santa, más íntegra, más consagrada!

—Ora por mí, hijito —pedías con insistencia—. Que Dios me haga mejor...

—Orar por eso es pedirle a Dios algo difícil —bromeaba yo contigo—. ¿Se puede limpiar lo que ya está limpio?

Hoy comprendo que cuanto más cerca estamos de Dios más conscientes somos de su extrema santidad, y eso, sin más, pone de relieve nuestras carencias.

Tu búsqueda de parecerte más a Él incentivó también la mía. Provocabas en mí una irresistible sed de su presencia.

—Dicen que María Magdalena fue una gran pecadora —me comentaste—, y seguramente por eso vivió tan cerca de Jesús. Lo convirtió en su refugio y a su lado encontraba la fuente de su purificación. Así amanezco yo —aseguraste—, pidiéndole a Dios que me lleve de la mano para no equivocarme de camino.

—Nunca dudes que Él te lleva de la mano —repliqué—. Eres un ejemplo, mamá. Cada día reflejas el amor de Dios.

—¿Sabes lo que recordaba anoche? —dijiste, y una sonrisa iluminó tu rostro—. Vinieron a mi mente unas palabras tuyas de hace mucho, de un domingo cuando predicaste... Lo predicaste hace varios años, pero las recordé como si acabase de escucharlas.

—¡Qué buena memoria! —elogié—. ¿Qué palabras fueron?

—"El secreto está en el secreto... en el secreto de la comunión con Dios", eso dijiste. "Nada equipara en rendimiento al diálogo reposado con Dios; los minutos de oración son sabia planificación. Orar es acertar. La quietud otorga a cada cosa su verdadera dimensión y su justa importancia. Después de hablar con Él es más fácil priorizar".

—¡Lo has recitado de memoria! —abrí mi boca, admirado—. Con puntos y comas...

—Hijito, es que lo escribí y debí de leerlo mil veces, por eso lo recuerdo. Siempre he pensado que esa mujer, Magdalena, encontró su equilibrio al hablar con Jesús.

Así que me enfoqué en un análisis profundo de la persona y vida de María Magdalena. ¡Qué enseñanzas tan grandes extraje de ese estudio!

MURMURA, QUE ALGO QUEDA...

Poco después, Jesús comenzó un recorrido por las ciudades y aldeas cercanas, predicando y anunciando la Buena Noticia acerca del reino de Dios. Llevó consigo a sus doce discípulos, junto con algunas mujeres que habían sido sanadas de espíritus malignos y enfermedades. Entre ellas estaban María Magdalena, de quien él había expulsado siete demonios; Juana, la esposa de Chuza, administrador de Herodes; Susana; y muchas otras que contribuían con sus propios recursos al sostén de Jesús y sus discípulos.

LUCAS 8:1-3, NTV

En un bosque cercano a la ciudad vivían dos vagabundos en unas precarias chozas que ellos mismos levantaron. Uno de ellos era ciego y el otro estaba tullido de ambas piernas. Durante el día mendigaban en la ciudad y casi siempre terminaban disputando el uno con el otro, compitiendo por la caridad de los transeúntes y faltándose mutuamente al respeto.

Una noche se declaró un voraz incendio en el bosque, y las llamas, avivadas por el viento, alcanzaron sus chozas. El ciego intentó huir despavorido, pero no era capaz de ver hacia dónde correr sin peligro de meterse en el incendio. Por su parte, el tullido no podía desplazarse con la rapidez suficiente para huir de las llamas, pues el fuego era demasiado rápido y salvaje.

Ambos comprendieron que la única posibilidad de preservar la vida era ayudarse mutuamente. Se necesitaban el uno al otro. «¡Tú puedes correr y yo puedo ver!», le gritó el cojo al ciego. «Olvidemos la enemistad y hagamos equipo».

El aliento de la muerte en sus nucas les hizo olvidar toda estúpida competitividad. El hombre ciego cargó al cojo sobre sus hombros y este fue indicándole el lugar hacia el que debía correr. Así salvaron sus vidas y, en consecuencia, se hicieron amigos y dejaron su antagonismo.

En ocasiones, la vida nos pone ante situaciones imposibles de superar a solas, necesitamos ayuda. Es en esos momentos cuando apreciamos lo absurdas que resultan la mayoría de las competencias y enemistades.

En el texto bíblico con el que hoy abrimos esta reflexión vemos a María Magdalena formando equipo con otras mujeres que seguían a Jesús y le servían. Todas tenían una característica común: fueron ayudadas por el Maestro («algunas mujeres que habían sido sanadas de espíritus malos y de enfermedades»).

Hay dos cosas que unen por igual a las personas: el fuego y el hielo. Apasionarnos por lo mismo o sufrir por algo semejante. Como alguien dijo, reír juntos une, pero llorar juntos funde. Estas dos circunstancias ejercen un magnetismo sin igual.

Algo así ocurrió con ese grupo de mujeres.

María Magdalena se menciona en varios Evangelios como seguidora de Jesús de Nazaret. Su nombre hace referencia a su lugar de procedencia: Magdala, localidad situada en la costa occidental del lago de Tiberias y cercana a Capernaum. En los cuatro Evangelios hay catorce referencias a ella, once de las cuales se vinculan directamente con la pasión, muerte y resurrección de Jesús. Solo el evangelista Lucas agrega el detalle de que «María, que se llamaba Magdalena, de la que habían salido siete demonios» (8:2). No se sabe nada más.

Haber sido exorcizada de una jauría de malos espíritus no parece un expediente muy brillante con el que pasar a la historia. Ser el contenedor de siete demonios no lo convierte a uno en el más popular del grupo. Por otro lado, abundan las corrientes que la tratan de prostituta, escenario este que no pasa de la mera especulación y que no podemos afirmar categóricamente, pero ya se sabe, «murmura, que algo queda».

Lo que está claro es que María debió de ser rechazada y severamente discriminada, pero en Jesús encontró la esperanza para vivir en plenitud.

Lejos de aislarse para lamentar, ella optó por invertir su vida en el servicio a Dios. Siempre tendremos dos opciones frente al trato injusto que nos dispensen: ofuscarnos y encerrarnos en una coraza de autoconmiseración o salir de nosotros mismos e invertir la vida en lo positivo.

En cierta ocasión, le preguntaron a un sabio: «¿Qué es el enojo?». Su respuesta fue concreta y brillante: «Es un castigo que nos aplicamos nosotros mismos por el error que otro cometió».

Por otro lado, quisiera cerrar esta reflexión sugiriendo que seamos muy cautos a la hora de juzgar a los demás. El juicio provoca dolor y lágrimas. *El líquido más caro del mundo es una lágrima, pues está compuesta de agua en un uno por ciento y de alma en un noventa y nueve por ciento.*

Pensémoslo mucho antes de lastimar a alguien.

NO PERFECTA, PERO SÍ ELEGIDA

Poco después, Jesús comenzó un recorrido por las ciudades y aldeas cercanas, predicando y anunciando la Buena Noticia acerca del reino de Dios. Llevó consigo a sus doce discípulos, junto con algunas mujeres que habían sido sanadas de espíritus malignos y enfermedades. Entre ellas estaban María Magdalena, de quien él había expulsado siete demonios.

Lucas 8:1-3, ntv

Me he preguntado muchas veces qué vio María Magdalena en Jesús para decidir seguirlo. Me siento persuadido a creer que el juicio al que fue sometida por los demás debió de provocar en ella un gran desafecto y decepción hacia el ser humano.

Pongamos por caso que las leyendas, rumores y juicios que se extienden sobre ella con respecto a que ejercía como meretriz sean ciertos. De ser así, María podía ver en Jesús a un hombre más, es decir, uno más de cuantos habían tratado su cuerpo como producto de consumo. Seres que chorreaban lascivia y solo veían en ella un pedazo de carne en el que saciar sus más bajos instintos.

Sin embargo, algo ocurrió en ella al observar a Jesús. Supo que su alma ardía en un incendio del que no podía escapar por sí sola y apreció en Jesús algo que lo hacía diferente al resto. Fue entonces cuando decidió salir de su ostracismo para aproximarse a Él. Esa aproximación no la defraudó, porque acercarnos a Jesús nunca decepciona. Al mirarlo y, sobre todo, al ser mirada por Él, *descubrió que Jesús no buscaba su cuerpo, sino su alma. No estaba interesado en algo de ella, sino en ella, para bendecirla, restaurarla y reubicarla en la posición de dignidad que se le sustrajo mucho tiempo atrás.*

Desde ese encuentro nunca más se separó del nazareno.

Poco después, Jesús comenzó un recorrido por las ciudades y aldeas cercanas, predicando y anunciando la Buena Noticia acerca del reino de Dios. Llevó consigo a sus doce discípulos, junto con algunas mujeres que habían sido sanadas de espíritus malignos y enfermedades. Entre ellas estaban María Magdalena, de quien él había expulsado siete demonios; Juana, la esposa de Chuza, administrador de Herodes; Susana; y muchas otras que contribuían con sus propios recursos al sostén de Jesús y sus discípulos.

LUCAS 8:1-3, NTV

Muchos estudiosos del texto sagrado coinciden en que María era la encargada del grupo. De las catorce veces que se menciona en los Evangelios, en ocho de ellas su nombre es el que aparece primero.

Como ya dijimos, era de la región de Magdala, y de ahí su nombre. Allí había fábricas de colorantes y textiles, una industria de las más florecientes, pujantes e influyentes de la época. Eso convertía esa región en una de las más prósperas. Algunos creen que María estaba vinculada a este tipo de negocios, ya que podía contribuir generosamente para el sustento del Señor, así como de sus discípulos y de los demás que se añadían.

Es interesante notar que ella y otras más «servían» al Señor. Esta palabra, en el idioma original, es *diakoneo*, que significa «ministrar, servir, socorrer, distribuir y ayudar».

En cambio, hay algo más sorprendente. Estudios solventes afirman que la expresión «le servían», cuando aparece con respecto al Señor, indica un papel muy particular: ¡el de los ángeles cuando le ministraban a Él!

A esta mujer, de quien muchos apuntan que llevaba una vida miserable, llena de aflicción, soledad, rechazo, vergüenza, depresión, temor y ansiedad, Jesús la libera, no de uno, sino de siete demonios, y le concede el alto privilegio de que le sirva, ministre y ayude.

El escritor japonés Haruki Murakami dijo: «Y cuando la tormenta de arena haya pasado, tú no comprenderás cómo has logrado cruzarla con vida. ¡No! Ni siquiera estarás seguro de que la tormenta ha cesado de verdad. Pero una cosa sí quedará clara. Y es que la persona que surja de la tormenta no será la misma persona que penetró en ella»[2].

Eso fue lo que le ocurrió a María Magdalena, ella recibió abundante liberación, y con la abundancia de sus bienes no escatimó ni dinero ni tiempo ni confort para servir a su Salvador en lo que necesitase.

Fue una de las últimas en ver a Jesús en la cruz, y es la primera que ve al Cristo resucitado (Mateo 27: 61; Juan 20: 15-16).

MIRADA, ACEPTADA, ELEGIDA...

Llevó consigo a sus doce discípulos, junto con algunas mujeres que habían sido sanadas de espíritus malignos y enfermedades. Entre ellas estaban María Magdalena, de quien él había expulsado siete demonios; Juana, la esposa de Chuza, administrador de Herodes; Susana; y muchas otras que contribuían con sus propios recursos al sostén de Jesús y sus discípulos».

Lucas 8:1-3, NTV

No puedo evitar conmoverme al pensar en el Creador dejándose servir por criaturas y, entre ellas, ¡mujeres! No es que piense que sea extraño que las mujeres le sirvan, al contrario, cada día me admiro con la sensibilidad que las damas despliegan hacia el servicio cristiano y los valores espirituales. No obstante, es preciso

2. Haruki Murakami, *Kafka en la orilla*, trad. Lourdes Porta Fuentes, Tusquets Editores, Barcelona, 2005, p. 20.

entender algo: la plena integración de la mujer a todos los ámbitos y estamentos de la vida social es hoy una honrosa y feliz realidad, pero en aquella época y cultura todas las mujeres, por el simple hecho de serlo, vivían infravaloradas. No se les atribuía ningún valor.

Permíteme unos ejemplos que a continuación escribo con suma incomodidad y solo porque pueden darnos una idea clara de lo que las mujeres representaban en aquella época:

«Bendito seas, Señor, porque no me has creado pagano, ni me has hecho mujer ni ignorante».

Los judíos devotos han recitado durante siglos esta bendición, que tiene mucho de soberbia y poco de inteligencia. En los tiempos de Jesús, en la sociedad judía, la mujer era una presencia oculta, sin voz, relegada a la intimidad del hogar, dedicada a la familia, al marido, su dueño, y a los hijos. Era venerada por su sumisión, por sus virtudes domésticas y por mantenerse «en su sitio», que siempre era el sitio establecido por los hombres.

Otra opinión comúnmente vertida en esos tiempos con respecto a ellas: «Las mujeres son influencias corruptoras que deben ser rechazadas y despreciadas». No solo se consideraba a la mujer como fuente de tentación y ocasión de pecado, se la consideraba, además, frívola, sensual, perezosa, chismosa y desordenada.

Concluyo enseguida con la adición de unos pocos datos históricos más, que me parecen tan deleznables como impropios.

Según el escritor judío Filón de Alejandría, contemporáneo de Jesús, «mientras el varón se guía por la razón, la mujer se deja llevar por la sensualidad».

Probablemente Flavio Josefo resume bien el sentir más generalizado en tiempos de Jesús: «Según la Torá, la mujer es inferior al varón en todo».

En cambio, al acercarnos a Jesús descubrimos que Él jamás dijo o hizo algo que pudiera resultar lesivo para la mujer. Nunca la describió como algo malo; en ninguna parábola la hace ver negativamente ni previene nunca a sus discípulos de la tentación que ellas podrían suponerles. *Jesús hace caso omiso de las afirmaciones del Antiguo Testamento que son despectivas hacia la mujer. Salta por encima de los convencionalismos sociales de su tiempo y no acepta los planteamientos discriminatorios hacia el sector femenino.* Para Jesús, la mujer tiene la misma dignidad que el hombre, por eso no se muestra a favor de leyes y costumbres discriminatorias. Jesús formó una comunidad mixta con hombres y mujeres que vivían y viajaban juntos, defendiendo a la mujer cuando era injustamente censurada.

Jesús se puso decididamente de parte de los marginados, y la mujer lo era en la sociedad judía de entonces. Por eso su mensaje fue también una verdadera buena noticia para ellas.

Esa visión fue inoculada en la mente y el alma de sus discípulos, y podemos ver que trascendió a los apóstoles, a juzgar por declaraciones que quedaron registradas, como la siguiente, de Pablo, que sin duda fue atrevida para su época: «Pues todos sois hijos de Dios por la fe en Cristo Jesús [...]. Ya no hay judío ni griego; no hay esclavo ni libre; no hay varón ni mujer; porque todos vosotros sois uno en Cristo» (Gálatas 3:26-28).

Así que encontramos honrosas presencias femeninas en el grupo de seguidores de Jesús, entre ellas María Magdalena, que en el servicio al Señor halló su propósito de vida. Comenzó a caminar con Jesús cuando este inició su ministerio y lo acompañó hasta el final.

Y estaban allí María Magdalena, y la otra María, sentadas delante del sepulcro.

MATEO 27:61

Nunca lo dejó, ni siquiera en el sepulcro.

FIEL HASTA EL TERCER DÍA (I)

Estaban allí muchas mujeres mirando de lejos, las cuales habían seguido a Jesús desde Galilea, sirviéndole, entre las cuales estaban María Magdalena, María la madre de Jacobo y de José, y la madre de los hijos de Zebedeo.

MATEO 27:55-56

Y estaban allí María Magdalena, y la otra María, sentadas delante del sepulcro.

MATEO 27:61

Una de las cosas que más disfruto es mirar, estudiar y apreciar la naturaleza. Considero que es algo así como la gigantesca vitrina en la que Dios expone los regalos que cada día nos ofrece. En definitiva, he descubierto que la firma de Dios está en cada milímetro de creación.

Uno de mis últimos descubrimientos, y quedé sorprendido al hacerlo, fue conocer que el búfalo, ese impresionante mamífero que alcanza los tres metros de longitud, una altura de casi dos metros y que llega a pesar una tonelada, cuando se siente atacado por sus depredadores sacude una joroba que tiene en la espalda, a la altura cervical y que está formada por una acumulación de grasa; en esas sacudidas segrega el aceite que allí tiene acumulado y este se distribuye por todo su cuerpo a nivel de la piel. Cuando los depredadores ponen sus garras sobre él resbalan sin poder apresarlo.

Hay vestigios suficientes que nos permiten afirmar la presencia de búfalos miles de años antes de Cristo. Con razón David, gran observador de la naturaleza, describe en una de sus bellas composiciones: «Tú aumentarás mis fuerzas como las del búfalo; seré ungido con aceite fresco» (Salmo 92:10).

Es inspirador saber que cuando el enemigo intenta posar sus garras sobre nosotros, Jesús nos mantiene «ungido[s] con aceite fresco».

Observemos a este grupo de mujeres que siguieron a Jesús desde el principio de su ministerio. Sin duda, enfrentaron los ataques más diversos y precisaron de esa unción que hace caer al enemigo. En especial María Magdalena, como depositaria de siete demonios, supo lo que es estar en las garras del infierno, pero llegó su liberación y nunca más fue desgarrada por el diablo. Observemos su fidelidad.

Ella siguió a Jesús desde Galilea.

Estaban allí muchas mujeres mirando de lejos, las cuales habían seguido a Jesús desde Galilea, sirviéndole.

Mateo 27:55, énfasis añadido

En un sentido metafórico, Galilea puede representar la primavera en la vida del creyente. Allí Jesús obró más prodigios y maravillas que en ningún otro lugar. Tres de cada cuatro milagros Jesús los hizo en Galilea. Tres de cada cuatro parábolas las enseñó allí. De los tres años y medio que duró el ministerio terrenal del Nazareno, dos se desarrollaron en Galilea.

Representa, por tanto, ese lugar en el que puedes ver a Jesús a diario, también escuchas sus sublimes enseñanzas y aprecias sus milagros: Caná de Galilea, donde transforma el agua en vino, símbolo de alegría y abundante provisión.

También la aldea de Naín se encuentra en el sur de Galilea y cerca de Nazaret. ¿Recuerdas lo que allí ocurrió?

Intenta visualizarlo, por favor: una mujer viuda —es decir, que había perdido a su marido— está a punto de enterrar a su único hijo.

¿Captas su situación de desamparo? Sin marido y ahora sin su único hijo. La soledad es un manto de plomo que la asfixia.

El cortejo fúnebre recorre la pequeña aldea camino al cementerio. Observa a la doliente mujer; no está herida, sino desgarrada. Su lamento no es un sollozo, sino un gemido indescriptible. Ahora los restos de su hijo reposarán junto a los de su esposo, por lo que toda su vida, su ilusión y cada uno de sus proyectos quedarán enterrados.

Aun así, ella está en Galilea, el lugar por donde Jesús pasea con frecuencia, y la procesión fúnebre se encuentra cara a cara con el Maestro. Este pide al cortejo que se detenga y el cuerpo inerte y amortajado es depositado en el suelo; Jesús se aproxima en silencio y posa la mirada en el muchacho. Tras unos segundos que para la mujer se antojan varias vidas, por fin le habla al cadáver ordenándole volver a la vida.

¿Puedes verlo? ¿Observas cómo se agitan los sudarios que envuelven el joven cuerpo? ¿Puedes escuchar el gemido que ahora brota del alma de la madre? ¿Verdad que suena distinto? ¡Qué diferente es el sonido de la muerte al sonido de la vida!

¡Mira como abraza a su hijo! ¡Observa la mirada anegada y agradecida que dirige al Señor!

Es Galilea, el lugar donde la muerte se disuelve en vapores de vida y las lágrimas se convierten en perlas.

Aquellas mujeres «habían seguido a Jesús desde Galilea, *sirviéndole*» (Mateo 27:55, énfasis añadido).

Es mi deseo sincero y ferviente que hoy te encuentres en Galilea. En ese estado del alma en que le ves, le sientes y le escuchas. Respirando paz al cerrar los ojos, sabiendo que todo está bien.

Abres el cuarto donde duermen tus hijos y allí están, saludables y felices.

Acudes al frigorífico y dudas sobre qué comerás hoy, porque hay abundancia para elegir.

Te sientas frente a tu cónyuge y puedes mirarle a los ojos y sonreír. Fluye la comunión.

Antes de dormir pones la alarma de tu despertador para al día siguiente acudir a tu trabajo..., porque tienes un empleo.

Te dejas caer sobre tu colchón, lanzas una pierna al norte, otra al sur y logras dormir de manera profunda, tranquila y feliz.

Si hoy disfrutas de la primavera, te felicito, me alegro contigo y ruego a Dios que esa temporada se prolongue por mucho tiempo. Que disfrutes de paz, prosperidad y bendición por largos días e inacabables noches, pero solo una cosa quiero sugerirte... solo una: mientras dure tu primavera, inviértela en lo mismo que aquellas mujeres: «habían seguido a Jesús desde Galilea, *sirviéndole*» (Mateo 27:55, énfasis añadido)

En tu temporada de bendición, bendice a los demás. En el tiempo de abundancia, reparte. En los días de sonrisa, sonríe.

Agustín de Hipona dijo: «El amor es lo único que se hace más grande al compartirlo».

Sí, la manera de multiplicar los deliciosos efluvios de Galilea es dedicando esa primavera a sembrar en otros. Verás reverdecer tu vida a medida que florecen las vidas de aquellos a quienes serviste.

En definitiva, Galilea es sinónimo de bendición, crecimiento, prosperidad y milagros. No es extraño que la Biblia diga esto:

Una gran multitud siempre lo seguía a todas partes [en Galilea] porque veía las señales milagrosas que hacía cuando sanaba a los enfermos.

JUAN 6:2, NTV

En Galilea le seguían multitudes, y entre ellas estaba María Magdalena.

FIEL HASTA EL TERCER DÍA (II)

Estaban allí muchas mujeres mirando de lejos, *las cuales
habían seguido a Jesús desde Galilea, sirviéndole, **entre las
cuales estaban María Magdalena**, María la madre de
Jacobo y de José, y la madre de los hijos de Zebedeo.*

MATEO 27:55-56, énfasis añadido

*Y estaban allí María Magdalena, y la otra María, sentadas
delante del sepulcro.*

MATEO 27:61

Cuando el texto bíblico indica que «Estaban allí muchas
mujeres mirando de lejos [...], entre las cuales estaba María
Magdalena», está refiriéndose al momento de la crucifixión. Esas
mujeres miraban a Cristo desde la distancia, alzado en la cruz y
clavado a la madera.

Estaban en el Gólgota.

María Magdalena siguió a Jesús hasta el Gólgota.

Al igual que Galilea representa a la primavera en la vida del
cristiano, el Gólgota puede representar el otoño. En Galilea le ves
de cerca, puedes tocarlo y ser tocado por Él; aprecias sus milagros
y saboreas sus parábolas. Pero mira lo que ocurre en el Gólgota:
«Lo miraban de lejos».

¿Te ha ocurrido alguna vez? ¿Has entrado en una de esas etapas en las que Dios parece haberse alejado? Sí, sabes que está, pero
tan lejos...

Si pudieras hojear mi vieja Biblia, que me ha acompañado ya
por varias décadas, observarías que en algunos márgenes hay preguntas escritas con finos trazos de bolígrafo; preguntas tales como:
«Dios, ¿cuándo volveré a sentirte como antes te sentías?», o «¿Por

qué pareces estar tan lejos de mí, Señor?». Junto a esas preguntas hay una fecha manuscrita, la del día en que me arrodillé durante un otoño del alma, sintiendo que cada una de mis oraciones chocaba contra el techo y caía sobre mi espalda, como convertida en astillas.

El Gólgota es esa época en que aparecen las preguntas y escasean las respuestas. El otoño en que el jardín se marchita y los verdes árboles pierden sus hojas.

Tal vez hoy no te encuentres en Galilea, sino en el inhóspito Gólgota. Si es así, mira a Jesús, aunque sea de lejos, no apartes tu mirada de Él.

En el Gólgota no hay parábolas ni prodigios aparentes, pero está Él. Mudo tal vez, y en apariencia inoperante..., pero allí está.

¿Recuerdas cuántos seguían a Jesús en Galilea? Lo dijimos en nuestra anterior reflexión: «Una gran multitud siempre lo seguía a todas partes [en Galilea] porque veía las señales milagrosas que hacía cuando sanaba a los enfermos» (Juan 6:2, NTV)

¿Ves cuántos quedan en el Gólgota?: «Muchas mujeres mirando de lejos [...], entre las cuales estaba María Magdalena».

De grandes multitudes a un puñado de mujeres, y entre ellas María Magdalena.

Galilea es el lugar de quienes corren tras los milagros de Jesús; Gólgota es el espacio de quienes fueron cautivados por Jesús, ya sea que obre milagros o no.

No fue la provisión de Dios, sino el Dios de la provisión quien los cautivó.

Si estás en Galilea, sírvele. Si estás en el Gólgota, mírale, aunque sea de lejos.

¿Terminó aquí todo?

No. Recuerda que la de Magdala fue fiel hasta *el tercer día.*

Gólgota es la segunda jornada, nos queda una.

FIEL HASTA EL TERCER DÍA (III)

*Estaban allí muchas mujeres mirando de lejos, las cuales
habían seguido a Jesús desde Galilea, sirviéndole, entre
las cuales estaban María Magdalena, María la madre de
Jacobo y de José, y la madre de los hijos de Zebedeo.*

MATEO 27:55-56

*Y estaban allí María Magdalena, y la otra María, sentadas
delante del sepulcro.*

MATEO 27:61

María Magdalena lo siguió hasta el sepulcro.

Los pasajes de Mateo 27:61, Marcos 15:47 y Lucas 23:55-56
mencionan a María Magdalena como presente en el momento en
que José de Arimatea lleva el cuerpo de Jesús a la tumba. En el
pasaje de Lucas, las mujeres se van a preparar los ungüentos con
los que embalsamarán el cuerpo. Pero en el pasaje de Mateo dice «Y
estaban allí María Magdalena, y la otra María, sentadas delante del
sepulcro». María Magdalena se mantuvo presente por un tiempo
indefinido, velando el cuerpo de Jesús aun después de que todo el
mundo se hubiera marchado.

¿Puedes imaginar los sentimientos de esta mujer al ver cómo
enterraban a Jesús?

Es importante recordar que había seguido a Jesús desde Galilea,
es decir, desde el principio del ministerio de Cristo. A lo largo de
más de tres años había convertido al Señor en su proyecto de vida,
en su ilusión y razón para existir. Ahora, junto con Jesús también
recibirá sepultura todo eso.

Recordemos el primer día: Galilea. La primavera en la que Él
está; lo vemos, lo tocamos, lo sentimos y apreciamos sus milagros
y enseñanza. Multitudes le seguían.

Rememoremos el día segundo: el Gólgota. No lo tocamos, ni lo sentimos ni lo escuchamos... solo lo vemos de lejos. Allí permanece aquel grupo de mujeres.

Hoy amanece el tercer día: el sepulcro. Todo lo que hay enfrente es una fría piedra. Ni le sentimos ni le escuchamos; ni siquiera de lejos le vemos. Solo hay una dura roca frente a nosotros.

Regresemos al estilo metafórico: Galilea es la primavera en la vida del cristiano; el Gólgota nos sumerge en el nostálgico otoño. Ahora el sepulcro representa el corazón del más frío invierno. Es la época en que parecemos tener mil razones para llorar y ni una sola para reír. El tiempo en que no tenemos ni una sola respuesta, porque solo tenemos preguntas.

Pero esas dos mujeres permanecieron allí.

Cuando llegue al cielo quiero buscarlas para agradecer que me hayan enseñado lo que es fidelidad en el enorme sentido de la palabra. Cuando todo las invitaba a abandonar, ellas permanecieron. Cuando la vida les invitaba a maldecir, adoraron.

Galilea es el lugar de los que corren tras los milagros de Jesús.

Gólgota es el lugar de quienes aman al Jesús de los milagros.

El sepulcro es el lugar de quienes convirtieron a Jesús en su razón de vida y no conciben vivir sin Él. *Aunque jamás volviera a obrar un milagro. Aunque no haya una respuesta más a mi oración. Aunque no vuelva a escucharlo, verlo o sentirlo, seguiré amándolo. Vine aquí para quedarme, aunque sea mirando la piedra del sepulcro.*

Del sepulcro a Galilea

Y porque permanecieron frente a la piedra, fueron las primeras en escuchar lo siguiente: «Id pronto y decid a sus discípulos que ha resucitado de los muertos, y he aquí *va delante de vosotros a Galilea; allí le veréis.* He aquí, os lo he dicho» (Mateo 28:7, énfasis añadido).

¿Te das cuenta del maravilloso mensaje? «¡Va delante de vosotros *a Galilea*!».

Desde el frío sepulcro a la gloriosa Galilea. Desde el corazón del helador invierno hasta la exuberante primavera.

María Magdalena fue la última en alejarse de la tumba y por eso fue la primera testigo del milagro de la resurrección, la persona a la que Jesús escoge para llevar el mensaje de su regreso a la vida. Todos los Evangelios la mencionan en este importante momento: Mateo 28:1-10; Marcos 16:1-11; Lucas 24:1-11; Juan 20:1-18.

En algunos de estos pasajes, María Magdalena llega a la tumba acompañada de otras mujeres, pero su papel es siempre el de testigo y mensajera de la noticia de la resurrección a los demás apóstoles... porque fue *fiel hasta el tercer día.*

QUE LAS NUBES DE AYER
NO TAPEN TU SOL DE HOY

Y algunas mujeres que habían sido sanadas de espíritus malos y de enfermedades: María, que se llamaba Magdalena, de la que habían salido siete demonios.

LUCAS 8:2

El resentimiento mata a los necios; la envidia mata a los insensatos.

JOB 5:2, NVI

Las decisiones de otros revelan mi carácter. La manera como respondo a las resoluciones que otros adoptan y que en alguna medida me afectan manifiesta mi madurez, coherencia y profundidad. El carácter, al igual que las antiguas fotografías, se revela en la oscuridad.

Las dos R más nocivas que existen son las de *«Rencor»* y *«Remordimiento»*. *Son las dos emociones más tóxicas, y ambas se combaten con dos maravillosas P: las de «Perdonar» y «Perdonarme».*

Debido a que el rencor es guardar registro del mal que otros me hicieron, y el remordimiento es conservar memoria del mal que hice yo, ambas actitudes son terriblemente tóxicas. De ahí la necesidad de perdonar a quien me ofendió y perdonarme a mí mismo por los errores que cometí.

Si fraccionas la palabra «resentimiento» podrás comprobar que proviene de *recrearse* en los *sentimientos* nocivos y dañinos. Es revivir mil veces el dolor que nos hicieron, sacar mil fotocopias del daño sufrido.

Lo mires por donde lo mires, albergar resentimiento, ya sea hacía otros o contra mí mismo, es una actitud claramente autodestructiva. Por eso la Biblia dice que guardar resentimiento es cosa de necios.

El resentimiento mata a los necios; la envidia mata a los insensatos.

Job 5:2, nvi

Puede que la persona que me dañó esté a miles de kilómetros de distancia, pero al recrearme en la ofensa estoy trayéndola a mi lado para que siga hiriéndome.

Al perdonar no le estoy otorgando libertad al ofensor, sino que me estoy haciendo libre yo mismo.

¿Te han herido? ¿Te difamaron? ¿Te trataron de manera injusta? No entregues tu paz, algo tan grande, a personas tan pequeñas. Sigue caminando. La vida es un viaje, no un destino. Cuenta y canta las bendiciones de Dios.

¿Y qué actitud deberíamos tomar ante el ofensor?

Con frecuencia, el silencio es la mejor respuesta al ofensor, porque Dios redacta las palabras justas sobre las líneas de nuestros silencios.

Deja que Él reivindique tu causa.

La oración incluida en el Padrenuestro, «Perdónanos nuestras ofensas, así como nosotros perdonamos a quienes nos ofenden», es una de las oraciones más sabias que podemos hacer, pero una vez formulada la oración, tengo que aceptar que el perdón de Dios me ha restaurado.

Jesús cambió los siete demonios que oprimían a María Magdalena por mil ángeles que a partir de entonces la protegieron, pero luego ella tuvo que sacar de su mente la época de su opresión infernal para dar lugar al oasis celestial.

«María, que se llamaba Magdalena, de la que habían salido siete demonios» (Lucas 8:2). El tiempo verbal que define la salida de los demonios está en pasado, «habían salido»; sin embargo, pudiera darse el caso de que los demonios hayan salido de nosotros, pero nosotros no de los demonios. Si ya marcharon las entidades malignas, no dejemos que su recuerdo siga torturándonos. María era libre y tuvo la sabiduría de disfrutar su libertad. Es posible ser libres en nuestro presente, pero seguir cautivos de nuestro pasado.

No permitas que tus errores de ayer impidan las conquistas de mañana. Entierra a los cadáveres antiguos, porque cargar con los muertos del pasado intoxica tu presente y puede matar tu futuro.

No es mía la siguiente frase y si no doy crédito a su autor es porque se trata de un pensamiento de autoría desconocida: «Mi automóvil tiene un parabrisas muy grande y un retrovisor muy pequeño, para recordarme que lo que me espera delante es infinitamente más interesante que lo que he dejado atrás».

AROMAS PARA UN CADÁVER

Había un varón llamado José, de Arimatea, ciudad de Judea, el cual era miembro del concilio, varón bueno y justo.

Este, que también esperaba el reino de Dios, y no había consentido en el acuerdo ni en los hechos de ellos, fue a Pilato, y pidió el cuerpo de Jesús. Y quitándolo, lo envolvió en una sábana, y lo puso en un sepulcro abierto en una peña, en el cual aún no se había puesto a nadie. Era día de la preparación, y estaba para comenzar el día de reposo. Y las mujeres que habían venido con él desde Galilea, siguieron también, y vieron el sepulcro, y cómo fue puesto su cuerpo. Y vueltas, prepararon especias aromáticas y ungüentos; y descansaron el día de reposo, conforme al mandamiento.

Lucas 23:50-56

Y María Magdalena y María madre de José miraban dónde lo ponían.

Marcos 15:47

H ace años teníamos un montón de sueños, y hoy tenemos sueño y un montón de años.

¿Te define esa frase? Espero que solo te haya hecho sonreír.

Generalmente perdemos los sueños a golpe de decepción. Muchas metas, proyectos e ilusiones yacen sepultadas bajo los escombros de graves desilusiones, desengaños e incluso traiciones. Sin embargo, María Magdalena, con su actitud ante la muerte de Jesús, con quien seguramente murieron también sus metas, sueños e ilusiones, me ha puesto a reflexionar.

El texto bíblico que encabeza este capítulo muestra el momento en que Jesús recibe sepultura. Es notable esta porción del párrafo: «Y las mujeres que habían venido con él desde Galilea, siguieron también, y vieron el sepulcro, y cómo fue puesto su cuerpo. Y vueltas, prepararon especias aromáticas y ungüentos». De nuevo, aquí se cita la fidelidad de ese grupo de mujeres que siguieron a Jesús desde Galilea y hasta el sepulcro.

La segunda porción de la Biblia que encabeza esta página confirma que María Magdalena estuvo presente en ese momento.

Lo que quiero enfatizar es que, cuando Jesús estuvo sepultado, ellas fueron a preparar ungüentos para ungir el cadáver.

Y Nicodemo, el que antes había venido a Jesús de noche, vino también, trayendo una mezcla de mirra y áloe como de cien libras. Así pues, José y Nicodemo tomaron el cuerpo de Jesús y lo envolvieron con vendas empapadas en aquel perfume, según la costumbre que siguen los judíos para enterrar a los muertos.

JUAN 19:39, LBLA; 40 DHH

Así es que Juan nos detalla en su Evangelio cómo prepararon el cuerpo de Jesucristo antes de introducirlo en el sepulcro, especificando con qué sustancias lo trataron, y qué cantidad utilizaron (cien libras equivalen a unos treinta y tres kilos). La operación debió ser rápida e incluso apresurada, porque se hacía de noche y comenzaba la Pascua, fiesta en la que ningún judío podía entrar en contacto con un cadáver, pues de hacerlo incurriría en impureza legal. En el relato análogo del descendimiento y sepultura de Jesús, los otros tres evangelistas no concretan tanto, diciendo simplemente: «María Magdalena, María la madre de Santiago, y Salomé compraron perfumes para embalsamar el cuerpo de Jesús» (Marcos 16:1, BLP); «Las mujeres que habían venido con él desde Galilea [...], prepararon especias aromáticas y ungüentos» (Lucas 23:55-56).

El pasaje de Juan es interesante porque nos habla de qué productos utilizaban los judíos para embalsamar los cuerpos. El verbo «preparar» que utiliza Lucas parece apoyar la idea de «compuesto» que indica Juan.

La mirra es una resina olorosa. La mejor y más cara se extraía de cierta clase de terebintos. Su superioridad se indica en el Cantar de los Cantares (1:13; 5:13), o la obtenían haciendo incisiones en las ramas. Mezclada con aceite de oliva, daba lugar a un preciado aceite aromático que se utilizaba para perfumar al esposo (Cantares 1:13), a la esposa (Cantares 5:5), la cama (Proverbios 7:17), pero también para tratar los cadáveres. Este uso funerario de la palabra mirra es el que ha provocado en español dos palabras tan castizas como «esmirriado» y «desmirriado», que se aplican a aquellas personas delgadas, macilentas, raquíticas; es decir, las que tienen un aspecto casi cadavérico.

El *áloe* es un jugo amargo que se extrae de varias plantas liliáceas llamadas áloe, de hojas largas y carnosas, y que se usaba para perfumar vestidos, ropas de cama y también para los sudarios en contexto funerario.

En todo caso, esas especies eran productos muy caros. Lo que quiero destacar es que, definitivamente, María Magdalena, al igual que el resto de las mujeres, no seguían a Jesús por lo que Él pudiera darles, sino porque lo amaban.

Jesús no necesitaba lo que ellas le llevaron, pero ellas necesitaban dárselo. Como alguien dijo: «Es posible servir sin amar, pero es imposible amar sin servir».

Ya José de Arimatea había aplicado cien siclos de especias, cantidad que se usaba para embalsamar a los reyes. No era necesario más, pero ellas sí necesitaban dar. Aunque sus sueños hubieran muerto, ellas decidieron aplicar especias aromáticas sobre la muerte. Cada gramo de especias y cada denario invertido en su compra exhalaba amor en estado puro, el que sentían por Jesús aquellas mujeres.

Aun así, no fueron las especias lo más caro que estas mujeres ofrecieron a Jesús. *¡Cómo amo a esas personas que siempre regalan las cosas más caras: su tiempo, lealtad, sinceridad, honestidad...!*

YO SOY DE MI AMADO

Y las mujeres que habían venido con él desde Galilea, siguieron también, y vieron el sepulcro, y cómo fue puesto su cuerpo. Y vueltas, prepararon especias aromáticas y ungüentos; y descansaron el día de reposo, conforme al mandamiento.

LUCAS 23:55-56

Permíteme la licencia de traer a esta reflexión un principio que encontré mientras estudiaba ese maravilloso libro que conocemos como Cantar de los Cantares. En sus breves ocho capítulos veo reflejado el extenso proceso de maduración del amor, y encuentro un simbolismo llamativo con lo que aquellas mujeres del Evangelio proyectaron en su fidelidad a Jesús:

Primer paso:

En el comienzo del Cantar de los Cantares, la novia declara: «Mi amado es mío, y yo suya» (2:16).

El amor está presente en esa frase, de eso no cabe duda, pero llama la atención que en ese tipo de amor la posesión precede a la entrega. «Mi amado es mío, y yo suya».

Doy, pero lo hago después de haber recibido.

Quiero ver en este paso un símil de la etapa en Galilea. Sigo a Jesús porque me enseña, porque provee y porque bendice.

Segundo paso:

Mientras avanza el libro del Cantar de los Cantares, el amor madura. Ahora la novia declara: «Yo soy de mi amado, y mi amado es mío» (6:3).

Esto ya me gusta más: la entrega precede a la posesión. Te doy mi amor y recibo del tuyo.

¿Verdad que esto trae ecos del Gólgota? Siguieron fieles. No estaban sus milagros, pero Él sí estaba. Le veían de lejos, pero le veían.

¿Puede madurar aún más el amor? Desde luego que sí.

Tercer paso:

Mira lo que ocurre hacia el final del libro del Cantar de los Cantares. La novia dice: «Yo soy de mi amado, y conmigo tiene su contentamiento» (7:10).

Ahora hay entrega sin aguardar compensación. Te doy mi amor, aunque no recibiera el tuyo. Mi gozo está en tu contentamiento. Eso es amar sin esperar nada a cambio: amor a fondo perdido.

Aquí me llega el aroma del sepulcro. *No estaban sus milagros y tampoco estaba su imagen, ni siquiera a lo lejos..., pero ellas sí estaban.* Lo amaban. Eso era todo.

LO QUE NO SE VE

Y estaban allí María Magdalena, y la otra María, sentadas delante del sepulcro.

MATEO 27:61

No mirando nosotros las cosas que se ven, sino las que no se ven; pues las cosas que se ven son temporales, pero las que no se ven son eternas.

2 CORINTIOS 4:18

Mientras María Magdalena observaba la rocosa tapadera del sepulcro, en el interior ya ocurrían cosas que ella ignoraba. Ella miraba una tumba, pero aun sin saberlo, tenía ante sus ojos el útero donde se gestaba la resurrección.

A menudo solo apreciamos la piedra de la sepultura, sin ser conscientes de que tras la pétrea superficie se fraguan gloriosos milagros.

En otras ocasiones, esto nos ocurre al mirar a las personas: vemos una coraza insensible que no nos agrada, pero si tuviéramos la paciencia de esperar a que la piedra se retire, comprobaríamos que en esa zona que queda oculta a la vista estaba acaeciendo un hecho portentoso.

El 8 de febrero de 1985, la culminación de una larga investigación llevada a cabo por científicos astrónomos españoles concluyó con un descubrimiento sorprendente: lo que hasta ese día se consideraron dos estrellas pequeñas y sencillas que no tenían otra cosa que un número en el catálogo sideral, resultaron ser no dos estrellas, sino dos galaxias compuestas por cientos de miles, tal vez de millones de otras estrellas, y situadas a una distancia de mil millones de años luz de la Tierra. Aquellos dos puntitos perdidos en el horizonte del universo eran mucho más de lo que en apariencia se veía: había millones donde solo se veía una.

Este descubrimiento me dejó reflexivo. Comprendí la realidad de que tal acontecimiento tiene una constante réplica en nuestra vida diaria: la realidad de las personas y circunstancias que nos rodean no es la que llegamos a ver en la superficie; hay un mundo soterrado, no visible para nosotros, mucho más profundo que lo que asoma en superficie y mucho más real que la porción que se exhibe. Hay en cada persona una profundidad y una dimensión que nos están vetadas. No queda expuesta a nuestra mirada.

Mirar a los demás de lejos nos priva de sus tesoros.

Hay muchas sencillas y pequeñas estrellas que en realidad son galaxias repletas de riqueza que esperan ser descubiertas por quien tenga tiempo y paciencia para una observación más cercana.

Cada persona con la que nos cruzamos tiene una dimensión oculta que podríamos descubrir con el simple hecho de aproximarnos, preguntarles «¿Qué tal estás?» y quedarnos a escuchar la respuesta.

Vivimos rodeados de tesoros imposibles de alcanzar por causa del ritmo vertiginoso al que nos movemos.

Nosotros moldeamos la realidad que nos rodea con nuestro modo de mirarla.

Mirar a los demás superficialmente nos impide ser objetivos.

Déjame que te hable de una de las personas más desagradables a las que he conocido. Su temperamento tosco, duro y agresivo lo dejó sin amigos. La gente lo temía y odiaba a partes iguales. Jamás sonreía si no era con un motivo de ironía mordaz e hiriente. Presuntuoso, prepotente, soberbio e individualista. Se ganó la soledad y el aislamiento en que vivía.

No obstante, alguien tuvo la extraña ocurrencia de sonreírle, preguntarle y escucharle. Asegura que, tras hacerlo, aquel «monstruo ceñudo» salió de su feo caparazón y dejó al descubierto su realidad: un alma famélica y desnutrida; una autoestima inexistente y una desesperada necesidad de ser amado.

Las líneas de expresión de su ceño fruncido eran un pentagrama sobre el que estaba escrita una desesperada petición de ayuda.

Su incapacidad de sonreír era un grito suplicante por recibir una sonrisa, y su imposibilidad de brindar un abrazo suponía un desesperado ruego por ser abrazado.

Un buitre es capaz de sobrevolar una campiña llena de flores diversas sin percibir ninguna emoción y sin que le afecte la belleza que se expone ante sus ojos. Sin embargo, si bajo esas bellas flores hubiera un pequeño pedazo de carne corrompida, el ave de rapiña es capaz de percibirlo, detener su vuelo y lanzarse en picado hacia la carroña.

Este es el caso contrario al que expuse anteriormente, y se da cuando nuestra atención no se dirige a la profunda maravilla escondida en un hecho diminuto, sino a la minucia de un hecho negativo escondido entre la extensa maravilla.

Las arrugas de una frente pueden ser un pentagrama en el que yace la más triste canción.

Trata de encontrar el rostro del Dios que te perdona en la faz de aquel que te ofende y ultraja, verás que todo cambia.

Hay personas que no se sienten merecedoras de amor. Porque hicieron algo mal, porque no hicieron algo bien, porque otras personas se lo han dicho demasiadas veces, porque se sienten diferentes, inferiores, incompletos, etc.

¡Hay tantas razones para dar por bueno y lógico que no me amen!, piensan ellos. *¡Tanta culpa que expiar!* La culpa es un delito que no prescribe nunca y sus efectos pueden ser mortales. Leí hoy que el setenta por ciento de las personas que están ingresadas en los hospitales podrían salir de él si supieran como resolver su culpa. La culpa destruye tu confianza, daña tus relaciones, te mantiene anclado en el pasado, y es una agresión severa para tu salud.

Déjame que hoy te diga:

Mereces todo el amor del mundo, mereces todo lo bueno que te pase. Mereces vivir y sentirte vivo. Mereces merecer.

La dama de Magdala probablemente experimentó ambas cosas. Durante un tiempo de su vida se sintió piedra de sepulcro que luego el nazareno retiró, provocando en ella un milagro de vida. Más tarde vio una piedra sepulcral que la separaba del nazareno, pero fue perseverante, regresó a la tumba y fue testigo del milagro.

Si hoy te sientes sepultura, no abandones ni sueltes el arado, Él te convertirá en milagro.

JONÁS

Cuando te llamé por teléfono, me dijiste que habías empeorado un poco.

«Solo un poco», precisaste. «Tranquilo hijito, debe de ser porque no he descansado bien».

Al llegar a visitarte, ya habías preparado café y, junto a unas galletas, estaba todo dispuesto sobre la pequeña mesa del salón. Nada más verte, supe que me habías mentido por teléfono. Era cierto que habías empeorado, pero no lo era que solo un poco. Tu deterioro me alarmó.

Apenas me senté frente a ti, juntaste las manos como en una plegaria y hablabas casi sin parar, como si fuera mucho lo que estaba pendiente de decir y muy poco el tiempo para decirlo.

De repente te inclinaste hacia mí, te pusiste de pie, dominada por la emoción, y apoyándote en los muebles, te acercaste a la ventana, con tres pasos presurosos y enérgicos, aunque muy titubeantes. Al mismo tiempo, tu mano derecha hurgaba, sin tino, en el bolsillo de la gastada bata de color salmón. Sacaste un arrugado pañuelo y en vano fingiste que te secabas con él el sudor de la frente. Demasiado claramente vi tus párpados enrojecidos.

Y entonces sucedió algo terrible. En el siguiente paso perdiste el punto de apoyo y, por tanto, el equilibrio. Como cortadas con una guadaña, tus inflamadas rodillas cedieron completamente. Te desplomaste de golpe y, como al caer quisiste agarrarte a la mesa, la arrastraste en tu caída sobre ti y sobre mí, que había acudido en el último instante para tratar de sostenerte. Cayó con estrépito la cafetera de loza, rompiéndose en mil pedazos, retumbaron los platos y las tazas, y tintinearon las cucharillas.

Gracias a Dios, el golpe no tuvo mayores consecuencias que las de dejarte agotada y con necesidad de acostarte.

Te conduje a la cama y pronto estabas recostada, pero apenas me dispuse a extender la manta sobre tus pies para que no te enfriases, ocurrió algo que me dejó sin aliento. Con un movimiento brusco, me agarraste las dos manos con fuerza, las sostuviste por las muñecas, la derecha y la izquierda y, antes de que pudiera evitarlo, te las llevaste a la boca y las besaste, la derecha y la izquierda, y otra vez la derecha y luego la izquierda.

Aquel toque fue como un reconfortante baño de agua tibia. Sentí que me abrazabas todo entero en ese trocito de mí que sostenías entre tus manos.

«Gracias, hijito», tu voz rezumaba ternura, «gracias».

La emoción me engullía como un mar y me tragó como una ballena, seguramente por eso me aboqué al estudio de Jonás.

EL DESALIENTO, ANTECEDENTES

No puedo yo solo soportar a todo este pueblo, que me es pesado en demasía. Y si así lo haces tú conmigo, yo te ruego que me des muerte, si he hallado gracia en tus ojos; y que yo no vea mi mal.

NÚMEROS 11:14-15

Y él se fue por el desierto un día de camino, y vino y se sentó debajo de un enebro; y deseando morirse, dijo: Basta ya, oh Jehová, quítame la vida, pues no soy yo mejor que mis padres.

1 REYES 19:4

Ahora pues, oh Jehová, te ruego que me quites la vida; porque mejor me es la muerte que la vida.

JONÁS 4:3

Como podrás comprobar, en el inicio de este capítulo tomé un episodio muy similar que se dio en tres notables de las Escrituras: Moisés, Elías y Jonás, tres personas cuyas vidas nos inspiran por su profundidad, anchura y altura. Sin embargo, aquí vemos a los tres sumidos en un insondable abismo de desánimo.

¡Cuidado! No podemos diagnosticarles un simple periodo de decaimiento, los tres manifiestan su deseo de no seguir viviendo. ¡Anhelan la muerte!

Sospecho que serán muchos los que, en mayor o menor medida, puedan sentirse identificados con la crisis que estos tres profetas vivieron.

Hoy en día hay más casos de crisis nerviosas y depresión que nunca en la historia. Esto es, sin duda, legado de dos guerras mundiales cuyo eco resuena todavía, alentado por los episodios bélicos que hoy sacuden el planeta. Es fruto también de la tensión que produce vivir en medio de continuos acontecimientos negativos y bombardeados por noticias deprimentes, además del vertiginoso ritmo que nos exige la vida.

El estudio de la Biblia revela que a los cristianos no se les da la garantía de estar libres de los periodos de desaliento.

Al analizar la vida de Jonás, al igual que la de Moisés y Elías, pude descubrir algunos elementos que pueden sumirnos en ese estado, y también determinadas salidas para esas situaciones.

Si te parece, hagamos que entren los pacientes y, antes que nada, echemos un vistazo a los antecedentes:

1. **Moisés**

Su currículum podría redactarse en estos términos:

- *Historial profesional*: Estadista y soldado retirado. Su madre por adopción es la hija de Faraón. Es, por tanto, nieto adoptivo del emperador de Egipto.

- *Logros más importantes*: Liberar de la esclavitud a un pueblo, el hebreo, cuyo censo se estima en dos millones de personas, conducirlos por el desierto y transformarlos en una nación organizada.

- *Situación actual*: El desaliento.

2. **Elías**

Así quedaría su currículum:

- *Historial profesional*: Reconocido profeta especializado en el trato al más alto nivel jerárquico. Fue recibido por reyes y gobernantes.

- *Logros más importantes*: Cerrar el cielo, mediante la oración, a fin de que no diese agua, y volverlo a abrir también por la oración. Aniquilación de cerca de mil profetas de Baal y Asera tras demostrar que Jehová es el único Dios.

- *Situación actual*: El desaliento.

3. **Jonás**

Transcribo su currículum:

- *Historial profesional*: Reconocido profeta con mensaje divino que alcanza a ciudades enteras.

- *Logros más importantes*: Primer hombre de la historia en recorrer el fondo marino, y único en hacerlo dentro de un pez durante tres días. Instrumento usado por Dios para la conversión de todos los habitantes de una ciudad cuya población se estimaba en 175 000 habitantes.
- *Situación actual*: El desaliento.

¿Qué conclusión extraigo de estos datos? El desaliento no siempre está relacionado con episodios de fracaso, sino que puede seguir a éxitos rotundos. Es posible, y hasta resulta probable, que tras un triunfo notable el paladar de nuestra alma se impregne del acre sabor del desánimo.

Resulta esencial llevar cada uno de nuestros fracasos, pero también los aciertos, al pie de la cruz. Es allí, arropados por el manto de su presencia, donde lograremos digerir cada uno de ellos, porque el éxito mal digerido intoxica y el fracaso mal asimilado puede matar.

Hagamos del regazo de Jesús nuestro domicilio espiritual. Es el mejor observatorio desde el que contemplar la vida.

EL DESALIENTO, CAUSAS

No puedo yo solo soportar a todo este pueblo, que me es pesado en demasía. Y si así lo haces tú conmigo, yo te ruego que me des muerte, si he hallado gracia en tus ojos; y que yo no vea mi mal.

NÚMEROS 11:14-15

Y él se fue por el desierto un día de camino, y vino y se sentó debajo de un enebro; y deseando morirse, dijo: Basta ya, oh Jehová, quítame la vida, pues no soy yo mejor que mis padres.

I REYES 19:4

Ahora pues, oh Jehová, te ruego que me quites la vida; porque mejor me es la muerte que la vida.

JONÁS 4:3

Tan importante como diagnosticar nuestro decaimiento anímico es identificar las causas que lo originaron. Hoy te propongo que nos acerquemos a la historia de Jonás, y de paso a la de sus dos compañeros en estas reflexiones, con el objetivo de localizar los pasos que dio hacia el valle del desaliento. Analizar el camino recorrido será medicina preventiva para todos.

Alguien dijo que la fisiología afecta a la psicología y viceversa. Somos seres tripartitos: espíritu, alma y cuerpo, y esos tres ámbitos de nuestro ser están claramente interconectados. Una mala digestión afectará a mi estado emocional, y un enfado desmedido, sostenido por suficiente tiempo, puede destruir mi hígado.

Observemos a nuestros magnos pacientes:

1. Causas físicas

Moisés llevaba tiempo dirigiendo a una ingente multitud, se estima que eran dos millones de hebreos. En casi absoluta soledad, se ocupaba de administrar, juzgar, aconsejar y organizar.

A menudo, desde que salía el sol y hasta que se ponía, escuchaba quejas de su pueblo, disputas y desacuerdos, y tenía que traer soluciones. Mantener el enlace entre Dios y una multitud de personas descontentas es una tarea sobrehumana.

Elías había pasado un día entero rodeado por los cuatrocientos profetas de Baal, viendo cómo invocaban a su dios en la cumbre del monte Carmelo.

A continuación, él fue quien se sumió en una profunda invocación. La intensidad de su oración a Dios para que hiciese lo que no había hecho Baal fue extraordinaria. Dios contestó de forma prodigiosa y el poder del Señor quedó manifiesto. Después, Elías destruyó a los profetas de Baal. Sin comer ni beber, se entregó a la oración intensa para pedir lluvia, y cuando los cielos se abrieron regando la tierra seca y resquebrajada, Elías corrió cincuenta kilómetros, aún en ayunas, para llegar a Jezreel.

Jonás había predicado el arrepentimiento a una ciudad tan grande como Buenos Aires o México. Su predicación se llevó a cabo sin ninguno de los medios de que hoy disponemos para hacerlo: ni vehículos, ni amplificadores de voz ni, por supuesto, redes sociales. Recorrió a pie las calles de Nínive y gritó a pleno pulmón el oráculo divino. Las características de aquella población, como más adelante descubriremos, no eran las más idóneas para que alguien profetizara juicio del cielo.

Cuando hubo concluido su difícil campaña evangelizadora, se echó a descansar bajo un tórrido sol, y la insolación acabó por hundirle.

2. Causas del alma

Moisés estaba profundamente herido en su amor propio al ver al pueblo descontento con su gestión. Escuchar quejas constantes y percibir la continua disconformidad con la estrategia que desplegamos acaban por minar la naturaleza más fuerte.

Por más optimista que alguien sea, en un ambiente de ahogados uno llega a sentir que se ahoga.

Elías estaba en una situación muy parecida: «No soy yo mejor que mis padres», decía sorprendido. ¡Él siempre había pensado que lo era! Reprochaba a Dios: «He sentido un vivo celo por Jehová» (1 Reyes 19:14), como diciendo: «Después de mis extraordinarios sentimientos me pagas así». En el colmo de la osadía dijo: «Yo soy el único profeta del SEÑOR que queda» (1 Reyes 18:22, NTV). Como si dijera: «Soy único y no merezco esto».

Sentir un trato injusto es una emoción muy tóxica. Debemos extremar la prudencia, pues una sobredosis de victimismo puede resultar letal.

Jonás se sintió enormemente dañado al ver a Nínive convertida. ¡Sí!, la ciudad entera respondió al llamado de Dios y se arrepintió de su pecado. En consecuencia, Jonás se desmorona y pide la muerte.

¿Cómo es posible? ¿Puede un evangelista desalentarse al ver que las almas responden a su mensaje?

¡A Jonás le ocurrió! Él estuvo predicando: «Por culpa de vuestro pecado Nínive será destruida». El pueblo se arrepintió y Dios perdonó y no destruyó; debido a esto, Jonás vio manchada su reputación de profeta.

Es necesario entender que, si la profecía declarada no se cumplía, el oficio profético del emisario quedaba estigmatizado y su credibilidad sufría un daño severo. «Ahora cuestionarán la veracidad de mi mensaje», temió seguramente Jonás al ver que el juicio divino no se manifestaba.

Alguien dijo que quien pierde la reputación pierde el ministerio, y ese pensamiento sacudió, como un sismo, el interior de Jonás.

3. Causas espirituales

Moisés se sentía desilusionado espiritualmente. En el descontento del pueblo veía un reflejo de su fracaso personal. Tenía la percepción de haber perdido el contacto con Dios y le embargaba el temor de no ser capaz de llevar a cabo la obra que el Señor le había encomendado. En definitiva, se veía excesivamente pequeño para una misión tan grande.

Elías había anhelado y orado por un avivamiento extenso y permanente en Israel. De repente sintió que todo su mensaje y todo su trabajo no habían dado ningún fruto, «soy el único profeta que queda».

El agricultor espera ver brotes de vida en la tierra sobre la que derramó la semilla. El hortelano anhela que los árboles que sembró y cuidó con esmero exhiban jugosas frutas en sus ramas. El predicador suplica por vidas transformadas como respuesta al mensaje proclamado. Por eso Elías percibió en su paladar el acre sabor del fracaso: «Soy el único profeta que queda», se lamentaba.

Jonás sintió que su ministerio profético había fallado. Como ya dije anteriormente, era un asunto grave que el vaticinio de un profeta no se cumpliese, pues eso le desacreditaba por completo. ¿Cómo volver a profetizar? Nadie le creería (lee Deuteronomio 18:20-22). Por otro lado, un profeta era alguien apartado por Dios para ese oficio. Su razón de vivir y la diana a la que apuntaba su vida entera se concretaba en ser el oráculo divino y el puente que conectase a Dios con el pueblo. Si ya no podía ejercer ese ministerio, no valía la pena seguir viviendo.

REMEDIO DIVINO PARA EL DESALIENTO

No puedo yo solo soportar a todo este pueblo, que me es pesado en demasía. Y si así lo haces tú conmigo, yo te ruego que me des muerte, si he hallado gracia en tus ojos; y que yo no vea mi mal.

NÚMEROS 11:14-15

Y él se fue por el desierto un día de camino, y vino y se sentó debajo de un enebro; y deseando morirse, dijo: Basta ya, oh Jehová, quítame la vida, pues no soy yo mejor que mis padres.

1 REYES 19:4

Ahora pues, oh Jehová, te ruego que me quites la vida; porque mejor me es la muerte que la vida.

JONÁS 4:3

La petición de los tres fue la misma: «Quítame la vida». Sin embargo, Dios en ningún caso concedió el dramático deseo de sus siervos, sino que trató de forma personal con cada uno de ellos, levantándolos y sanándolos.

Para Moisés recetó la ayuda de setenta ancianos llenos del Espíritu Santo, que tomaran parte de la carga, permitiendo de ese modo que él pudiera quedar libre para ejercer su ministerio espiritual.

Además de mostrarle el camino para verse libre de sobrecargas, Dios le renovó a Moisés la promesa de que estaría brindándole ayuda espiritual: «¿Acaso se ha acortado la mano de Jehová? Ahora verás si se cumple mi palabra o no» (Números 11:23; lee también los versículos 16-17).

Me fascina ver que Dios otorgó a Moisés una ayuda mixta: soporte humano e intervención divina.

¡Qué gran descanso experimento al comprender que casi nada depende de mí, porque todo depende de Él!

A Elías le hizo que se retirara a un lugar solitario donde Dios pudiera hablarle a solas y manifestarse ante él de una forma nueva. Luego le recetó dos buenos periodos de dormir y descansar, dos comidas de pan cocido en el horno de Dios, grandes tragos de agua sacada de los manantiales del cielo y por último el mensaje alentador de que no estaba solo, que había otros siete mil profetas que eran fieles a Dios, y uno de estos, Eliseo, le fue dado por compañero (1 Reyes 19:5-8).

Para Jonás, Dios preparó una calabacera con la que protegerlo del tórrido sol, y a renglón seguido habló con él para enseñarle la preciosa lección del amor que Él tiene hacia el ser humano. Le mostró que ese amor da como resultado la salvación del que se arrepiente (Juan 3:16).

En ese caso, al igual que en los anteriores, vemos que *Dios conjuga su trato al cuerpo, a la mente y al espíritu de sus siervos. El resultado es una sanidad integral operada por su mano.*

EL DECAIMIENTO
DE JONÁS (Conclusión)

Pero esto disgustó mucho a Jonás y lo hizo enfurecer. Así que oró al Señor de esta manera:
—¡Oh Señor! ¿No era esto lo que yo decía cuando todavía estaba en mi tierra? Por eso me anticipé a huir a Tarsis, pues bien sabía que tú eres un Dios misericordioso y compasivo, lento para la ira y lleno de amor, que cambias de parecer y no destruyes. Así que ahora, Señor, te suplico que me quites la vida. ¡Prefiero morir que seguir viviendo!
—¿Tienes razón de enfurecerte tanto? —respondió el Señor
Jonás salió y se sentó al este de la ciudad. Allí hizo un cobertizo y se sentó bajo su sombra para ver qué iba a suceder con la ciudad. Para aliviarlo de su malestar, Dios el Señor dispuso una planta, la cual creció hasta cubrirle a Jonás la cabeza con su sombra. Jonás se alegró muchísimo por la planta. Pero al amanecer del día siguiente Dios dispuso que un gusano la hiriera y la planta se marchitó. Al salir el sol, Dios dispuso un abrasador viento del este. Además, el sol hería a Jonás en la cabeza, de modo que este desfallecía. Con deseos de morirse, exclamó: «¡Prefiero morir que seguir viviendo!».
Pero Dios dijo a Jonás:
—¿Tienes razón de enfurecerte tanto por la planta?
—¡Claro que la tengo! —respondió—. ¡Me muero de rabia!
El Señor dijo:
—Tú te compadeces de una planta que, sin ningún esfuerzo de tu parte, creció en una noche y en la otra pereció. Y de Nínive, una gran ciudad donde hay más de ciento veinte mil personas que no distinguen su derecha de su izquierda y tanto ganado, ¿no habría yo de compadecerme?

JONÁS 4:1-11, NVI

En el apasionante relato que la Biblia hace de la vida de Jonás descubrimos varias claves esenciales para la prevención del agotamiento en todas sus formas: físico, mental, emocional y espiritual.

A continuación, presentaré los principios que extraigo tras un reposado análisis de la crisis que vivieron tanto el profeta Jonás como sus dos compañeros de oficio: Moisés y Elías.

- Entregar demasiado capital físico y nervioso, aún en el servicio a Dios, da al enemigo una gran oportunidad de atacar nuestra vida espiritual. Cuando estamos cansados, ya sea en el cuerpo o en la mente, nuestra vulnerabilidad se incrementa.
- El desaliento no siempre sigue a un fracaso, puede venir después de un notable éxito.
- Debemos pesar y pensar muy bien los consejos de nuestros particulares Jetro. Delegar trabajo y dejar de realizar algunos cometidos puede traer un resurgimiento espiritual.
- Hacer equipo y formar a otros para repartir funciones es una de las más acuciantes necesidades de todos los líderes.
- El desaliento ocasionado por un aparente fracaso, si no se resiste con el escudo de la fe, provocará un desastre en nuestro espíritu. Muchas veces, tal fracaso es más aparente que real.
- Acostarse temprano y llevar un régimen alimenticio adecuado curará muchos casos de depresión y evitará problemas cardiacos. «Tengo tanto que hacer», dijo un conocido filósofo, «que debo acostarme».
- *Ser conscientes del amor de Dios es una de las más altas revelaciones que podemos tener. Ser consciente de cuánto me ama borrará todo vestigio de desánimo.* El descubrimiento de cuánto ama Dios a cada persona me moverá a amarlas también.
- Dios se complace en restaurar cada alma desalentada a una esfera de mayor utilidad. Se ha especializado en tomar las ruinas de mi presente y levantar con ellas un palacio.

CUANDO MIS ALAS SON CORTAS
PARA TAN ALTO VUELO

La palabra del Señor vino a Jonás hijo de Amitay: «Anda, ve a la gran ciudad de Nínive y proclama contra ella que su maldad ha llegado hasta mi presencia». Jonás se fue, pero en dirección a Tarsis, para huir del Señor. Bajó a Jope, donde encontró un barco que zarpaba rumbo a Tarsis. Pagó su pasaje y se embarcó con los que iban a esa ciudad, huyendo así del Señor.

JONÁS 1:1-3, CST

Se cuenta la historia de dos semillas que estaban sobre el suelo en el final del invierno.

Una de ellas decidió: «¡Quiero crecer! Voy a sumirme en la profundidad del suelo. Profundizaré primero y más adelante creceré para anunciar la llegada de la primavera. ¡Quiero sentir el calor del sol y la bendición del rocío de la mañana sobre mis pétalos!».

Y así lo hizo: quedó sepultada, y con la llegada de la primavera brotó y floreció.

La otra semilla, por el contrario, dijo: «Tengo miedo de que me tape la tierra; no soporto la oscuridad. Me da pánico hundir mis raíces en el suelo, pues no sé con qué puedo tropezar. Empujando la tierra podría dañar mis delicados brotes. Si luego florezco y extiendo mis pétalos, quizá un caracol intente comérselos. Si abriera mis flores, tal vez algún chiquillo me arrancará del suelo. Es mucho mejor esperar hasta un momento seguro. Además, no se está tan mal aquí, descansando sobre la tierra».

Así, paralizada por los «tal vez» y los «quizá», se mantuvo en su lugar, hasta que una gallina se aproximó escarbando en busca de comida. Con alegría descubrió la semilla y sin pérdida de tiempo se la comió.

La enseñanza de esta historia es evidente: a quienes se anclan en su zona de confort sin jamás arriesgarse, los devora la vida.

Acerquémonos a Jonás. Este hombre judío es considerado el quinto de los profetas menores, recibió el llamado específico de Dios para ir a profetizar a la ciudad de Nínive, pero se asustó y decidió huir para esquivar la misión que el Señor le encomendaba. Debido a eso, muchos siglos después se sigue mencionando como referente de cobardía. Lo recordamos como alguien pusilánime y falto de fe.

Es más, el nombre Jonás significa «paloma», un ave asustadiza.

Me he preguntado muchas veces: ¿somos justos en nuestro dictamen hacia este profeta? ¿Realmente fue cobarde por intentar huir de la encomienda? ¿Cabe la posibilidad de que hubiera razones de peso tras su empeño de esquivar la misión?

Pongamos en contexto el llamado de Jonás.

*Levántate y ve a **la gran ciudad** de Nínive y **proclama contra ella** que su maldad ha llegado hasta mi presencia.*

JONÁS 1:2, NVI, énfasis añadido

Me he permitido destacar tres expresiones de este versículo que nos ayudarán a calibrar la magnitud y el riesgo de la encomienda:

1. La gran ciudad
2. Proclama contra ella
3. Su maldad

Estoy seguro de que tras un análisis de estos tres elementos miraremos de forma diferente a Jonás.

La gran ciudad

Nínive era la ciudad más importante en el mundo conocido. Era la capital de Asiria, el imperio más poderoso de ese tiempo. Se trataba de una metrópoli hermosa con amplios bulevares, hermosos parques y canales. Destacaba por una prestigiosa arquitectura en la que predominaban los palacios y los templos.

Fue el rey Senaquerib el que hizo de Nínive una urbe magnífica (700 a. C.) Este monarca gobernó en los días de esplendor de la civilización que se extendió al norte de Mesopotamia y en su reinado trasladó la capital a Nínive.

Aunque se le conoce como un rey cruel y sanguinario, también fue responsable de grandes avances, edificando suntuosos palacios, jardines y murallas. No solo destacó a nivel arquitectónico, sino que todavía hoy perdura la vasta influencia que tuvo Senaquerib en la cultura occidental. Incluso aparece la huella de Nínive y del rey Senaquerib en un poema épico de Lord Byron, poeta romántico inglés, en el que narra la destrucción que llevó a cabo en Babilonia:

Pues voló entre las ráfagas el Ángel de la Muerte
y tocó con su aliento, pasando, al enemigo:
los ojos del durmiente fríos, yertos, quedaron,
palpitó el corazón, quedó inmóvil ya siempre. [...]

Y las viudas de Asur con gran voz se lamentan
y el templo de Baal ve quebrarse sus ídolos,
y el poder del Gentil, que no abatió la espada,
al mirarle el Señor se fundió como nieve.

(Lord Byron, «La destrucción de Senaquerib»).

Senaquerib diseñó en Nínive amplias calles y plazas, y construyó el famoso «palacio sin rival», de unos 200 por 210 metros, cuya planta se reconstruyó casi por completo. Este palacio tenía 80 habitaciones, muchas de ellas repletas de bajorrelieves en sus paredes. Algunas de las principales entradas a la ciudad estaban flanqueadas por toros alados con cabeza humana. En ese tiempo, el área total de Nínive ocupaba unos 7 kilómetros cuadrados y 15 grandes puertas se abrían en sus murallas. Un elaborado sistema de dieciocho canales llevaba el agua desde las colinas hasta Nínive. Se han encontrado también algunas partes de un magnífico acueducto erigido por el mismo rey en Jerwan, a unos cuarenta kilómetros de distancia.

Definitivamente, Nínive no era cualquier ciudad, sino las más grande, majestuosa y temible de aquel tiempo. Ir a predicarles suponía para Jonás un paso de fe de grandes dimensiones.

¿La razón?

Hay varias.

Primero, Jonás nació y creció en la pequeña aldea fronteriza de Gat-Hefer, próxima a Nazaret, localidad donde ochocientos años después se criaría el Mesías. Un pueblecito insignificante en comparación con Nínive. Conmueve pensar que Dios eligiera a alguien con una cuna tan humilde para alcanzar a la ciudad más grande del mundo. Es interesante que algo similar ocurrió con David, quien nació en la humilde población de Belén y llegó al trono de Israel; o el mismo Jesús, nacido en esa misma aldehuela y erigido en Salvador del mundo.

La segunda circunstancia que hacía compleja la misión de Jonás es que su lugar de residencia distaba más de 850 kilómetros de Nínive. No era un viaje corto para las circunstancias y facilidades de aquel tiempo.

¿Alguna vez te has enfrentado a retos que se te antojan insuperables? Percibes que Dios te orienta hacia un destino, pero lo que te rodea hace que parezca absurdo pensar en tal misión. Tus alas son cortas para tan alto vuelo y el capital de que dispones parece irrisorio para acometer esa empresa.

Es tiempo de asumir que los retos a los que Dios me mueve no dependen de mis recursos, sino de los suyos. No debo emprender mi vuelo en la fuerza de mis alas, sino reposando en Él. Casi nada depende de mí, porque todo depende de Él. Solo Dios es, solo Dios puede, solo Dios sabe, solo Dios es el verdadero sabio.

*Levántate y ve a **la gran ciudad** de Nínive y **proclama contra ella** que **su maldad** ha llegado hasta mi presencia.*

JONÁS 1:2, NVI, énfasis añadido

Hemos visto solo la primera sección destacada en este versículo; seguiremos desgranando las otras partes del texto, pero por ahora asimilemos esta enorme verdad:

—*Dios le está mandando un mensaje a Zorobabel, y es el siguiente:*

"Zorobabel, no hace falta que seas poderoso, ni necesitas un gran ejército; lo único que necesitas es mi espíritu. Yo soy el Dios todopoderoso, y te aseguro que así es [...]".

ZACARÍAS 4:6, TLA

EL TEMOR DE JONÁS

La palabra del SEÑOR vino a Jonás hijo de Amitay: «Levántate y ve a la gran ciudad de Nínive y proclama contra ella que su maldad ha llegado hasta mi presencia». Pero Jonás huyó del SEÑOR y se dirigió a Tarsis. Bajó a Jope, donde encontró un barco que zarpaba rumbo a Tarsis, pagó su pasaje y se embarcó con los que iban a esa ciudad, huyendo así del SEÑOR.

JONÁS 1:1-3, NVI, énfasis añadido

Pasemos al segundo fragmento que me he permitido destacar en el versículo.

Proclama contra ella

La llegada de Jonás a Nínive no sería en visita de cortesía, sino con el propósito de amonestar. No entraría a la majestuosa metrópoli para entregar un trofeo, sino una represión. Y lo más importante: a quienes Jonás iba a recriminar era a los asirios, quienes invadieron, dominaron y esclavizaron a los judíos en varias ocasiones. Los habitantes de Nínive odiaban a los israelitas, y Jonás lo era; y estos, los israelitas, correspondían a esa aversión. Era una rivalidad tan ancestral como visceral que abarcaba todos los ámbitos: político, social, religioso y racial. En definitiva, Jonás irrumpiría en la ciudad más poderosa del mundo para reprender a los enemigos más acérrimos.

Estos datos arrojan luz sobre la decisión que tomó: huir e intentar esquivar la comisión divina. Aún queda un detalle que considero muy importante; pasemos al tercer fragmento que destaqué en el texto bíblico.

Es más, me inclino a pensar que el profundo decaimiento que sobrecogió a Jonás cuando, tras predicar en Nínive, la ciudad se arrepintió y Dios los perdonó está directamente ligado al hecho de que el profeta esperaba ver que el juicio de Dios cayera sobre aquellos crueles enemigos, y no estaba listo para ver cómo la gracia del Señor los arropaba.

Mira cómo lo describe la Biblia:

A Jonás no le gustó nada que Dios salvara la ciudad y se enfureció. Entonces oró al Señor y le dijo:

—Señor, ¿No fue esto lo que yo decía cuando estaba en mi propio país? Fue por eso que al principio intenté huir hacia Tarsis. Sabía que eres un Dios bueno, que muestras gran compasión, no te enojas con facilidad, estás lleno de amor y estás dispuesto a cambiar tus planes de castigo. Ahora Señor te ruego que me quites la vida, pues prefiero morir a tener que vivir así.

Entonces el Señor le preguntó:

—¿De verdad estás tan enojado?

Jonás salió de la ciudad y acampó al oriente de ella. Allí construyó un refugio y se sentó bajo la sombra esperando a ver qué pasaría con la ciudad.

Jonás 4:1-5, PDT

De un lado, era algo bastante vergonzoso que un profeta declarase juicio y calamidad sobre un lugar y ese negro presagio no se cumpliera.

Jonás recorrió la ciudad todo un día anunciando a gran voz: «¡Nínive será destruida dentro de 40 días!».

JONÁS 3:4, PDT

Pasado ese periodo, Nínive no fue destruida, ya que sus habitantes se arrepintieron y buscaron a Dios. Eso, una profecía no cumplida, suponía una severa mancha en el expediente profético y un grave estigma para el profeta; pero me inclino a pensar que el enojo de Jonás tenía más que ver con que los asirios fuesen bendecidos por la gracia de Dios y no cayesen fulminados bajo el juicio divino.

Jonás hizo lo que Dios le dijo, pero cuando la gente de Nínive se arrepintió y el Señor no los castigó, el profeta se sintió muy decepcionado.

Entonces Dios le dio a Jonás una lección objetiva. Hizo que una planta creciera lo suficiente como para dar sombra al profeta. Luego envió un gusano que atacó a la planta y esta murió. Al día siguiente, cuando el sol caía sobre la cabeza de Jonás, que ya no podía protegerse bajo la frondosidad de la planta, él expresó su frustración a Dios.

Y fue entonces cuando Dios le enseñó cuatro verdades que nos traerán alivio en esas ocasiones en que los planes de Dios difieren de los nuestros.

Dios puede ver cosas que yo no puedo ver. Puede ver el pasado, el presente y el futuro al mismo tiempo. Él creó el tiempo, por lo que no está sujeto al tiempo.

Dios es bueno conmigo incluso cuando estoy malhumorado. Ocurre a menudo que voy en dirección opuesta a la de Dios, y Él todavía me cubre con su sombra. Él me ama incluso cuando no soy digno de ser amado.

Dios tiene el control de cada detalle de mi vida. Mis planes no fallan al azar. Un proyecto fallido puede ser una muestra del amor de Dios para mi vida. Jonás nos muestra que Dios usa tanto al grande (un gran pez que tragó al profeta) como al pequeño (un diminuto gusano que minó la calabacera) para dirigir nuestras vidas, pero Él tiene el control de todo.

Dios quiere que me enfoque en lo que durará. La mayor parte de lo que me preocupa y me quita energías no lo tendré mañana. Un buen filtro para ver si algo merece preocuparme mucho es responder a la pregunta: dentro de cinco años, ¿esto seguirá importándome?

Dios quería que Jonás se preocupara por la salvación de la gente de Nínive, no por una planta que moriría al día siguiente.

Que mis planes no resulten como yo deseo no significa que Dios no esté íntimamente involucrado en cada paso. He aprendido la importancia de pedirle a Dios que me ayude a ver su mano en los planes fallidos y a saber esperar confiadamente mientras me muestra el camino a seguir.

LA CRUELDAD DE LOS ASIRIOS

La palabra del SEÑOR vino a Jonás, hijo de Amitay: «Levántate y ve a **la gran ciudad** *de Nínive y* **proclama contra ella** *que* **su maldad** *ha llegado hasta mi presencia». Pero Jonás huyó del SEÑOR y se dirigió a Tarsis. Bajó a Jope, donde encontró un barco que zarpaba rumbo a Tarsis, pagó su pasaje y se embarcó con los que iban a esa ciudad, huyendo así del SEÑOR.*

JONÁS 1:1-3, NVI, énfasis añadido

Proclama contra ella que *su maldad* ha llegado hasta mi presencia. «Su maldad», este es el punto álgido que nos hará comprender el miedo que sobrecogió al profeta al pensar en ir a Nínive. Lo que le estremeció hasta la médula no fue lo impresionante y majestuoso de la ciudad, ni siquiera la rivalidad histórica entre asirios y judíos. Lo que convirtió al profeta en una trémula hoja de árbol sacudida por vientos de pánico fue la reconocida perversidad, vileza y crueldad de los asirios. Y la misión que se le encomendó a Jonás consistía en poner de relieve esa maldad, eso era lo que debía proclamar.

Es fácil imaginar la reacción de los habitantes de Nínive cuando recibieran un mensaje así. Resulta lógico pensar que reaccionarían con su acostumbrada violencia y crueldad.

En definitiva, Nínive era la ciudad más grande e importante de aquel tiempo, y sus habitantes, los más crueles y despiadados que ha conocido la historia.

Sirva como ejemplo este fragmento de un escrito:

Destruí, devasté y quemé la ciudad desde sus cimas hasta sus cimientos. Cavé canales y la inundé de una manera más destructiva que una tempestad. En los días venideros, ni los dioses de esa ciudad podrán ser recordados»[3].

Así se jactaba Senaquerib, rey asirio, de las múltiples torturas a las que sometía a sus pueblos adversarios cada vez que conquistaba un nuevo territorio. Un ejemplo de su crueldad se dejó ver en la victoria histórica sobre su gran rival, el Imperio babilónico, localizado en el sur mesopotámico, que fue arrasado y saqueado. La ciudad fue reducida a cenizas en un acto de venganza contra la captura y muerte de su hijo primogénito por parte del rey Mushezibmarduk.

Senaquerib organizó una campaña de destrucción inédita hasta ese momento, ya que no respetó ni siquiera los edificios dedicados al culto religioso, cuyos cimientos fueron arrojados al río.

---

3. Martín McKay Fulle y Maite Olavarría Cedano, «El arte asirio, la belleza a partir de la violencia», *En líneas generales*, número 010, 2023, p. 81, https://revistas.ulima .edu.pe/index.php/enlineasgenerales/issue/view/430/156.

A tal punto llegaba la crueldad de este rey con sus enemigos que implementó tácticas de guerra psicológica que ya se usaban por sus antepasados, como por ejemplo resaltar en gráficos y textos las barbaridades que eran capaces de cometer en las ciudades que arrasaban. Todo para que los pueblos de alrededor estuvieran al tanto de sus atrocidades y supieran lo que les esperaba. Es precisamente a través de estos famosos grabados donde podemos descubrir un auténtico catálogo de crueldad al ver las terroríficas torturas físicas a las que los asirios sometían a sus enemigos.

Discúlpame, amable lectora o lector, por presentar en el capítulo siguiente algunos ejemplos de esas atroces prácticas. Las próximas líneas no serán fáciles de leer, ni resultaron para mí sencillas de escribir. Las redacto con el objetivo de situarnos junto al profeta en el momento en que recibió la encomienda de Dios, y con el ánimo de dar respuesta a las preguntas: ¿somos justos en nuestro juicio contra Jonás? ¿Realmente fue cobarde por intentar huir de la encomienda? ¿Cabe la posibilidad de que hubiera razones de peso para su intento de evitar la misión?

En todo caso, lo que me conmueve hasta el límite es descubrir que Dios siguiera amando a una nación que sobrepasaba los límites de toda maldad imaginable. Solo puedo concebirlo al asumir la gran verdad de que Dios es amor. No es que sienta amor, ni que tenga amor, ni tampoco se trata de que reparta amor. Porque si sintiera amor cabría la posibilidad de que algún día dejara de sentirlo. Si tuviera amor existiría el riesgo de que algún día dejase de tenerlo. Si repartiera amor, podría darse el caso de que un día optase por no repartirlo más. *Pero es que Dios ES amor, y eso significa que para que Él dejase de amar, tendría que dejar de ser, lo cual es imposible, porque Dios es eterno.*

LA CRUELDAD DE LOS ASIRIOS (II)

*La palabra del SEÑOR vino a Jonás hijo de Amitay: «Levántate y ve a **la gran ciudad** de Nínive y **proclama contra ella** que **su maldad** ha llegado hasta mi presencia». Pero Jonás huyó del SEÑOR y se dirigió a Tarsis. Bajó a Jope, donde encontró un barco que zarpaba rumbo a Tarsis, pagó su pasaje y se embarcó con los que iban a esa ciudad, huyendo así del SEÑOR.*

JONÁS 1:1-3, NVI, énfasis añadido

Vamos allá. Los asirios manifestaron su ilimitada crueldad al aplicar las siguientes torturas a sus enemigos:

Empalamientos

Esta técnica de tortura se atribuye históricamente al príncipe de Valaquia, Vlad Tepes, quien pasó al imaginario popular después de que el escritor inglés Bram Stoker lo escogiera para ser el vampiro más famoso de todos los tiempos, el conde Drácula. Sin embargo, es conocido y aceptado que esa horrenda práctica no fue originalmente suya, sino que el príncipe Tepes se inspiró en las torturas asirias para aplicarlas a los otomanos. Empalaban a sus víctimas y así las dejaban expuestas en la entrada y salida de las ciudades, para infundir terror.

A diferencia del método que usaba el príncipe rumano, los asirios pasaban la estaca o la lanza por debajo de las costillas y no a través del ano.

Aunque el empalamiento era una de las formas preferidas de tortura asiria, también aplicaron la crucifixión.

Desollamientos

A los reyes asirios no les bastaba con las lanzas y los empalamientos, sino que también eran famosos por despellejar vivos

151

a sus enemigos. Además, se aseguraban de que no murieran en el proceso, para que la muerte fuera lenta y dolorosa. No solo se contentaban con quemar sus restos una vez murieran, sino que solían cortar la piel a tiras y colgarla en un lugar visible de la muralla para que el resto de los ciudadanos supieran a lo que se enfrentaban si tenían la más mínima intención de traicionarles o cometer sedición.

Trituraciones de huesos

Los asirios obligaban a los nobles que capturaban a moler los huesos de sus antepasados hasta convertirlos en polvo. ¿Por qué? Básicamente, esta acción formaba parte de la tortura psicológica a la que sometían a sus prisioneros, todo con tal de borrar la legitimidad histórica para gobernar o seguir siendo nobles.

Decapitaciones

Esta era una de las muertes más dulces, teniendo en cuenta las demás. Los soldados del ejército asirio tenían la costumbre de decapitar a los enemigos que derrotaban para después apilar todas las cabezas juntas en sus ciudades. No contentos con ello, también solían decorar los árboles de la ciudadela colgando estas cabezas en sus ramas. Incluso hay relatos que afirman que reyes y capitanes del ejército solían llevar las cabezas de sus enemigos en collares colgados al cuello.

Amputaciones de extremidades

Por si fuera poco, los soldados asirios también cortaban las piernas, brazos, orejas y testículos de sus enemigos. Lo más curioso es que se jactaban de su crueldad de mil formas, la consideraban un derecho divino y parte de esa guerra psicológica contra quien intentara rebelarse. De ahí que hayan quedado tantas evidencias históricas de sus brutalidades.

Creo que es suficiente. Si lograste acompañarme hasta aquí, querida lectora y amable lector, te lo agradezco, y permite que te pregunte: ¿qué piensas ahora con respecto a la actitud de Jonás?

¿Crees que tú y yo habríamos respondido de manera diferente? ¿Te ha ocurrido alguna vez que tiemblas ante alguna misión que el Señor te encomienda?

Bienvenido al club. A mí me ha pasado con cierta frecuencia. Al igual que ocurrió con Jonás, la misión que Dios nos da probará nuestra fe. Puede desafiar nuestra zona de confort, nuestros prejuicios y hasta nuestra política. El antídoto para todo ello es caminar en fe. «En realidad, sin fe es imposible agradar a Dios, ya que cualquiera que se acerca a Dios tiene que creer que él existe y que recompensa a quienes lo buscan» (Hebreos 11:6, NVI)

El siguiente texto me ha aportado consuelo en tales ocasiones:

*Los ojos del SEÑOR recorren toda la tierra **para fortalecer** a los que tienen el corazón totalmente comprometido con él.*

2 CRÓNICAS 16:9, NTV, énfasis añadido

Cuando Dios te da una misión, enfrentarás temores, dificultades, desvíos y callejones sin salida.

A menudo, mi mente me traslada junto a Noé. Si alguien tuvo motivos para el desaliento, fue él. ¿Te has parado a pensar que construir el arca le tomó —según la hipótesis que muchos estudiosos promulgan— ciento veinte años? ¿Has considerado que durante esos ciento veinte años no recibió una sola palabra de aliento y a diario escuchó burlas, críticas y reproches?

Cuando Noé recibió el encargo de Dios de construir el arca, no había el más mínimo atisbo de tormenta y mucho menos de inundación, pero él decidió creerle a Dios. Estoy seguro de que hubo muchos días en los que Noé no tuvo ganas de ir a trabajar, pero por 43 800 días (insisto en presentar este periodo como una hipótesis no secundada por todos), Noé fue al mismo lugar y trabajó. Nunca renunció.

No renuncies a tus sueños porque parezcan disiparse. No renuncies a tu matrimonio porque parezca complicarse. No renuncies a tu salud porque se ha deteriorado. Dios tiene el control. No has leído el último capítulo de tu vida. Dios ya lo escribió, aunque todavía no lo hayas leído.

La Biblia dice: «Los ojos del Señor recorren toda la tierra para fortalecer a los que tienen el corazón totalmente comprometido con él» (2 Crónicas 16:9, ntv).

Dios no está buscando superhéroes, sino a personas que tengan el corazón totalmente comprometido con Él y con su plan. Las busca para fortalecerlas y bendecirlas.

¿Quieres ser una de esas personas? ¡No renuncies!

CUANDO EL PLAN DE DIOS NO TIENE SENTIDO

El Señor le dio el siguiente mensaje a Jonás, hijo de Amitai: «Levántate y ve a la gran ciudad de Nínive. Pronuncia mi juicio contra ella, porque he visto lo perversa que es su gente».

*Entonces Jonás se levantó y se fue en dirección contraria **para huir del Señor**. Descendió al puerto de Jope donde encontró un barco que partía para Tarsis. Pagó su pasaje, subió a bordo y se embarcó rumbo a Tarsis con la esperanza de escapar del Señor.*

JONÁS 1:1-3, ntv, énfasis añadido

Para huir del Señor

Sin embargo, Jonás no quería alejarse de Dios, sino de Nínive. ¿Acaso piensas que el profeta había dejado de amar a Dios? En absoluto, amaba a Dios, pero sentía terror de la misión que Dios le encomendaba, por eso huyó. El texto bíblico dice que Jonás huyó de Dios, porque al escapar de nuestro llamado, en realidad estamos escapando y alejándonos de Dios. Cada paso que lo alejaba de su llamado lo apartaba también de Dios. Al escapar del plan de Dios también huimos del Señor, y al alejarnos de Dios hay cosas feas que ocurren y otras maravillosas que dejan de ocurrir. La paz está estrechamente vinculada a la comunión con Dios. La salud está condicionada a la paz, porque la psicología afecta a la fisiología, y viceversa. La sonrisa sincera siempre se dibuja con el pincel de la serenidad y esta se destila de la comunión con Dios. Uno será plenamente feliz cuando está en el centro del plan de Dios. El plan de Dios tiene un núcleo y una periferia. Yo puedo estar jugando a entrar y salir de ese plan, pero no seré feliz. Cuando entro y salgo de su propósito, terminaré quedando fuera de él. Tendré momentos de emoción, pero no de unción. Habrá transpiración, pero no unción. Emocionalismo, pero no vida. Un cadáver puede saltar bajo la descarga eléctrica de un desfibrilador; pero tras los saltos, retirada la electricidad, sigue tan muerto y quieto como antes.

Pagó su pasaje

Escapar del plan de Dios y alejarnos de Él no solo menoscaba nuestra paz y nuestra salud física y emocional. También perjudica nuestras finanzas. Resulta caro alejarnos del plan de Dios para nuestra vida, porque los viajes que emprendemos huyendo del propósito de Dios suelen acabar en naufragios y bancarrota. He descubierto que cuando camino en su propósito, eso implicará involucrar mi vida, mi tiempo y mis finanzas, pero todo aquello que empleamos en la edificación del propósito de Dios jamás es un gasto, y siempre es una inversión. Un gasto no genera retorno, es un dinero que se va y no regresa. Una inversión, aunque es dinero que sale de los ahorros, va a tener un retorno. La inversión pasará a formar parte del patrimonio de la empresa; el gasto no. Nada es tan rentable como la inversión realizada en el reino de Dios, porque su reino no conoce la crisis. Escuché a alguien decir: «La Iglesia está en crisis». No puedo admitirlo, puedo admitir que determinados cristianos entren en crisis y hasta en bancarrota, pero la Iglesia de Jesús, la esposa de Cristo, no puede estar en crisis, pues descansa en los recursos de Dios, y estos son inagotables.

Se embarcó rumbo a Tarsis

Esquivó un viaje de 850 kilómetros, pero se embarcó en uno de 3 500 kilómetros. Huir de Dios solo logra que se retrase nuestra llegada al puerto previsto para nosotros. No podemos acelerar el plan de Dios, pero tenemos la capacidad de retrasarlo, e incluso de abortarlo. Los israelitas que salieron de la cautividad de Egipto y se encaminaron a Canaán, la tierra prometida, tardaron cuarenta años en realizar un recorrido que podía hacerse en cuarenta días. ¿La razón? Su actitud testaruda y desafiante.

Dios es misericordioso y compasivo. Si ustedes se vuelven a él, jamás los abandonará.

2 Crónicas 30:9, nvi

Nuestras equivocaciones deben hacernos reflexionar, y sobre todo aprender, pero nunca abandonar. Si lográsemos eliminar todos los errores cometidos, anularíamos con ellos gran parte de la sabiduría adquirida. Convirtamos la llaga en arado y los fallos en escalones. Cuando tropiece, porque tropezaré, quiero hacer de mis errores, maestros, y aprender de ellos. Eso se llama «caer hacia adelante», lo que transforma la caída en un paso más hacia la meta.

Los justos podrán tropezar siete veces, pero volverán a levantarse.

Proverbios 24:16, ntv

Lo que Jonás acabó aprendiendo es que Dios estará con nosotros en cada paso a lo largo de nuestra misión, guiando y proveyéndonos. Jesús prometió esto cuando nos dio la gran comisión.

Por tanto, vayan y hagan discípulos de todas las naciones, bauti-
zándolos en el nombre del Padre y del Hijo y del Espíritu Santo,
enseñándoles a obedecer todo lo que les he mandado a ustedes. Y
les aseguro que estaré con ustedes siempre, hasta el fin del mundo.

MATEO 28:19-20, NVI

Porque mis pensamientos no son los de ustedes, ni sus caminos
son los míos.

ISAÍAS 55:8, NVI

La vida está llena de interrupciones. A veces tenemos grandes
planes, para una carrera, una familia o un ministerio, pero Dios
lleva nuestras vidas en una dirección diferente.

Cuando nuestros planes y los planes de Dios no coinciden,
a menudo tratamos de derribar la puerta. Entonces las cosas
empeoran.

Pregúntale a Jonás. Aprendió de la manera difícil cómo responder cuando los planes de Dios y sus planes no coincidieron.
Dios le dijo a Jonás que advirtiera a la gente de Nínive que necesitaban arrepentirse de sus malos caminos. Pero Jonás huyó de Dios
y terminó en el vientre de un gran pez, por lo que Dios tuvo que
rescatarlo.

Cuando medito en ese episodio siempre recuerdo la manera en
que alguien interpeló a Billy Graham:

«¿De verdad usted cree eso que dice la Biblia de que un pez
se tragó a Jonás?».

«Estoy tan convencido de la veracidad de la Biblia —respondió el evangelista—, que, si las Escrituras dijeran que Jonás
se tragó al gran pez, también lo creería».

EL DIOS DE UNA NUEVA OPORTUNIDAD

*Vino palabra de Jehová **por segunda vez a Jonás**, diciendo: Levántate y ve a Nínive, aquella gran ciudad, y proclama en ella el mensaje que yo te diré. Y se levantó Jonás, y fue a Nínive conforme a la palabra de Jehová. Y **era Nínive ciudad grande en extremo**, de tres días de camino. Y comenzó Jonás a entrar por la ciudad, camino de un día, y predicaba diciendo: De aquí a cuarenta días Nínive será destruida. Y los hombres de Nínive creyeron a Dios, y proclamaron ayuno, y se vistieron de cilicio desde el mayor hasta el menor de ellos.*

Y llegó la noticia hasta el rey de Nínive, y se levantó de su silla, se despojó de su vestido, y se cubrió de cilicio y se sentó sobre ceniza. E hizo proclamar y anunciar en Nínive, por mandato del rey y de sus grandes, diciendo: Hombres y animales, bueyes y ovejas, no gusten cosa alguna; no se les dé alimento, ni beban agua; sino cúbranse de cilicio hombres y animales, y clamen a Dios fuertemente; y conviértase cada uno de su mal camino, de la rapiña que hay en sus manos.

JONÁS 3:1-8, énfasis añadido

Nínive seguía siendo una ciudad muy grande y muy cruel:

*Y se levantó Jonás, y fue a Nínive conforme a la palabra de Jehová. Y **era Nínive ciudad grande en extremo**, de tres días de camino. Y comenzó Jonás a entrar por la ciudad, camino de un día, y predicaba.*

La situación no había cambiado, pero el profeta sí. Muy a menudo, la clave no radica en que cambien nuestras circunstancias, sino en que cambiemos nosotros. Ya mencioné la frase que con cierta frecuencia me repito: «Rogué a Dios que cambiase mi situación y Él me dijo que estaba usando esa situación para cambiarme a mí».

*Vino palabra de Jehová **por segunda vez** a Jonás, diciendo: Levántate y ve a Nínive, aquella gran ciudad, y proclama en ella el mensaje que yo te diré.*

JONÁS 3:1, énfasis añadido

Era una segunda oportunidad para Jonás, y representaba también una nueva oportunidad para Nínive.

El cambio comenzó con una oración que levantó el profeta en medio de su gran crisis:

Entonces oró Jonás a Jehová su Dios desde el vientre del pez.

JONÁS 2:1

Cuando la vida se me escapaba, recordé al SEÑOR. Elevé mi oración sincera hacia ti en tu santo templo.

JONÁS 2:7, NTV

Cuando nos sentimos sin esperanza, un paso esencial es identificar la causa. En otras palabras, en lugar de luchar con una vaga sensación de desesperanza, tratemos de averiguar de dónde viene, *porque el verdadero problema no es la ausencia de esperanza, sino qué fue lo que nos la robó.*

En la oración que el profeta levanta y que se registra en Jonás 2:3-6, descubrimos ocho causas comunes para sentir desesperanza. Me animo a presentarlas con el objetivo de que identifiquemos si alguna de ellas nos resulta conocida.

1. Sientes el juicio de Dios. «Me arrojaste a las profundidades del mar» (2:3, NTV).

2. Has tocado fondo. «Me hundí en el corazón del océano» (2:3, NTV).

3. Te sientes fuera de control e impotente. «Tus salvajes y tempestuosas olas me cubrieron» (2:3, NTV).

4. Te sientes abrumado. «Las poderosas aguas me envolvieron» (2:3, NTV).

5. Te sientes rechazado. «Oh SEÑOR, me has expulsado de tu presencia» (2:4, NTV).
6. Sientes remordimiento y arrepentimiento. «Llegué a sentirme echado de tu presencia; pensé que no volvería a ver tu santo templo» (2:4, DHH).
7. Sientes un miedo aplastante. «Me hundí bajo las olas y las aguas se cerraron sobre mí; las algas se enredaban en mi cabeza» (2:5, NTV).
8. Te sientes atrapado. «Me quedé preso en la tierra, cuyas puertas se cierran para siempre. Pero tú, oh SEÑOR mi Dios, ¡me arrebataste de las garras de la muerte!» (2:6, NTV).

Cuando Jonás se sintió sin esperanza, habló con Dios, y fue entonces cuando comenzó su proceso de sanidad: «Al sentir que la vida se me iba, me acordé de ti, Señor; mi oración llegó a ti en tu santo templo» (Jonás 2:7, DHH).

Cuando te sientas sin esperanza, toca a las puertas del cielo y habla con Dios. Él es la fuente de esperanza real y duradera.

ABRAHAM

Hoy me sorprendiste con una enseñanza que ya me mantuvo reflexivo todo el día. Al parecer estuviste leyendo, aunque tus ojos se cansan enseguida.

«¡Hola, hijito!», saludaste cuando llegué. «¡Qué bien que has venido! Tenía ganas de leerte algo que me gustó mucho».

Aguzaste los ojos, pero la letra era demasiado pequeña.

«Mejor léelo tú», dijiste, tendiéndome el folio. «Tardarás mucho menos que si lo leo yo. Me gustó y me hizo recordar que el tiempo pasa más rápido de lo que creemos y es imposible volver atrás».

Tomé la hoja de papel y leí en voz alta:

A los 4 años: «¡Mi mamá puede hacer cualquier cosa!».

A los 8 años: «¡Mi mamá sabe mucho! ¡Muchísimo!».

A los 12 años: «Mi mamá realmente no lo sabe todo…».

A los 14 años: «Por supuesto, mi madre no tiene ni idea sobre esto».

A los 16 años: «¿Mi madre? ¡Pero qué sabrá ella!».

A los 18 años: «¿Esa vieja? ¡Pero si se crio con los dinosaurios!».

A los 25 años: «Bueno, puede que mamá sepa algo del tema…».

A los 35 años: «Antes de decidir, me gustaría saber la opinión de mamá».

A los 45 años: «Seguro que mi madre me puede orientar».

A los 55 años: «¿Qué hubiera hecho mi madre en mi lugar?».

A los 65 años: «¡Ojalá pudiera hablar de esto con mi mamá!».

—¿Verdad que es bonito? —Había ensoñación en tu voz.

—Yo sigo en la opinión de los ocho años —te dije—. Y no quiero estar jamás en la duda de los sesenta y cinco. Quiero tenerte siempre para consultarte todo.

—Sabes que eso no será posible —respondiste, y algo en tu voz me hizo estremecer. La frase me atravesó como una bala.

—Me gustaría que lo fuera...

—No es posible, pero tampoco es necesario —dijiste con una sonrisa—. Precisamente tú fuiste siempre el más independiente. Te casaste muy joven y tu madurez siempre fue por delante de tu edad.

—¿Un viejo dentro de un cuerpo joven?

—No —replicaste, y tu risa me pareció música—. Una persona con carácter. Nada ayuda tanto a formar el carácter como encontrarse de improviso ante una misión que tiene que llevarse a cabo, contando exclusivamente con la propia iniciativa y las propias fuerzas. Eso te ocurrió a ti, y diste la talla.

—A fuerza de equivocarme aprendí muchas cosas...

—No sé si te equivocaste mucho —repusiste—. Pero acertaste en lo esencial: tu esposa, tus hijas, tus nietos... Dios te ha bendecido mucho.

—Aprendí de los errores, pero no vivo pensando en ellos —te dije—, pues suelen ser un recuerdo amargo que impide seguir adelante.

—"Los errores son dulces maestros, pero amargos carceleros" —lo recitaste—. ¿Recuerdas el día en que predicaste de eso?

—"Deshacernos de lo que perdió el color y el brillo —declamé otra parte de aquella predicación—, dejar entrar lo nuevo en la casa y dentro de nosotros".

—"Pero quiero centrarme hoy en lo que guardamos en la cabeza", así lo dijiste, hijito. "Porque nuestra mente suele ser el mayor trastero que existe, y también el más desordenado. Acumulamos demasiada basura que no deja espacio para los recuerdos bonitos".

—"Renovaos en el espíritu de vuestra mente" —cité Efesios 4:23—. ¿Te das cuenta? "Renovaos", significa: "quita lo viejo para darle cabida a lo nuevo".

—Luego lo citaste en otra versión... ¿cuál fue?

—La Nueva Traducción Viviente: "En cambio, dejen que el Espíritu les renueve los pensamientos y las actitudes".

—Y dijiste: "Fíjense en el orden porque es intencional: primero pensamientos y luego actitudes".

—La sala de operaciones donde se rediseña nuestra vida es la mente. Proverbios 4:23 (PDT) dice: "Ante todo, cuida tus pensamientos porque ellos controlan tu vida". Es una gran verdad, mamá —te dije—. Una mente desafinada conduce a la tensión; una mente afinada lleva a la tranquilidad. Una mente no administrada conduce al conflicto; una mente administrada conduce a la confianza. Una mente desbocada conduce al estrés, una mente sosegada conduce a la fortaleza y a la serenidad —y concluí mi interminable reflexión—: Dios está más interesado en cambiar mi mente que en cambiar mis circunstancias.

—Y cerraste el mensaje con un pasaje magnífico: "Concéntrense en todo lo que es verdadero, todo lo honorable, todo lo justo, todo lo puro, todo lo bello y todo lo admirable. Piensen en cosas excelentes y dignas de alabanza. [...] Entonces el Dios de paz estará con ustedes" (Filipenses 4:8-9, NTV).

Nunca imaginé, mamá, lo necesaria que sería esa conversación hasta que se convirtió, precisamente, en un recuerdo..., un maravilloso recuerdo que me arroparía cuando ya tus brazos no pudieran hacerlo.

Cuando ese día llegué a casa me aboqué al estudio de otro de tus personajes favoritos: Abraham.

EL DESTINO INCIERTO

*Jehová había dicho a Abram: Vete de tu tierra y de tu paren-
tela, y de la casa de tu padre, a la tierra que te mostraré. Y
haré de ti una nación grande, y te bendeciré, y engrandeceré
tu nombre, y serás bendición. Bendeciré a los que te bendijeren, y a los que te maldijeren maldeciré; y serán benditas
en ti todas las familias de la tierra. Y se fue Abram, como
Jehová le dijo; y Lot fue con él. Y era Abram de edad de
setenta y cinco años cuando salió de Harán. Tomó, pues,
Abram a Sarai su mujer, y a Lot hijo de su hermano, y todos
sus bienes que habían ganado y las personas que habían
adquirido en Harán, y salieron para ir a tierra de Canaán;
y a tierra de Canaán llegaron.*

*Y pasó Abram por aquella tierra hasta el lugar de Siquem,
hasta el encino de More; y el cananeo estaba entonces en la
tierra. Y apareció Jehová a Abram, y le dijo: A tu descendencia daré esta tierra. Y edificó allí un altar a Jehová, quien le
había aparecido. Luego se pasó de allí a un monte al oriente
de Bet-el, y plantó su tienda, teniendo a Bet-el al occidente y
Hai al oriente; y edificó allí altar a Jehová, e invocó el nombre de Jehová. Y Abram partió de allí, caminando y yendo
hacia el Neguev.*

GÉNESIS 12:1-9

El nombre original de nuestro compañero en este tramo del
camino fue Abram, nombre hebreo que significa «padre». Tal
apelativo podría parecer una ironía, ya que Abram estaba casado
con una mujer cuyo útero no podía concebir. Sara, su esposa, era
estéril.

Sin embargo, la historia se torna todavía más emocionante
cuando, a la edad de noventa y nueve años, Dios le cambia el nombre y pasa a llamarlo Abraham.

¿Puedes imaginarte el significado de ese nombre? Abraham significa «padre de multitudes».

¿Qué te parece?

Si el nombre Abram resultaba irónico, el nombre Abraham parece una burla malintencionada..., a no ser que Dios tuviese previsto hacer algo tan extraordinario que fuera recordado en todas las culturas y en todas las generaciones.

Este fue el caso. Dios no jugaba con Abraham... Dios lo había elegido para una obra de tal magnitud que se recordaría siempre.

Vayamos al principio, y en ese principio vemos que Dios invita a Abram a emprender un camino incierto: «Jehová había dicho a Abram: Vete de tu tierra y de tu parentela, y de la casa de tu padre, a la tierra que te mostraré» (Génesis 12:1).

La orden de irse, «Vete», estaba en presente. La revelación de a dónde debería ir, «a la tierra que te mostraré», estaba en futuro.

Concluyendo: debía salir. ¿A qué destino? Lo ignoraba.

Abraham confió en Dios, y por eso obedeció cuando Dios le ordenó que saliera de su tierra para ir al país que le daría, aun cuando no sabía hacia dónde iba.

HEBREOS 11:8, TLA

Hablemos de lo que Abram no tuvo.

En primer lugar, Abram no tuvo un mapa.

Realmente no sabía adónde iba, pero sabía a quién seguía. En ocasiones, Dios nos invita a movernos sin darnos una panorámica del camino a recorrer.

En esos momentos en los que faltan las referencias y solo vemos el hoy, sin idea de qué sucederá mañana, recordemos algo: lo más importante no es saber adónde voy, sino tener la seguridad de con quién voy. Si Él está conmigo, lo esencial está resuelto.

Cuatro siglos después, Moisés enfrentaría una situación similar a la vivida por Abram, excepto que en el caso de Moisés se trataba de movilizar no solo a su familia, sino a un pueblo cuyo censo se estimaba en más de dos millones y medio de personas. Era la responsabilidad que enfrentó Abram, pero multiplicada por diez mil. La promesa que le llegó a Moisés en un momento de tan grande presión fue la siguiente:

> *Y él [Dios] dijo: Mi presencia irá contigo, y te daré descanso. Y Moisés respondió: Si tu presencia no ha de ir conmigo, no nos saques de aquí.*

Éxodo 33:14-15

Porque, como escribí unas líneas atrás, mucho más importante que mi camino es junto a quién lo recorro. *La voluntad de Dios nunca me llevará a un lugar donde su gracia no me pueda sostener.*

Es posible que estés debatiendo la necesidad de abandonar un lugar que te resulta tóxico. Una atmósfera o relación que claramente te resulta nociva, te resta fuerzas y vacía tu alma. Hay un tiempo de partir, incluso cuando no hay lugar cierto al que ir.

No te quedes en un lugar en el que no puedas florecer, aunque te guste.

EL DESTINO INCIERTO (II)

Jehová había dicho a Abram: Vete de tu tierra y de tu parentela, y de la casa de tu padre, a la tierra que te mostraré. Y haré de ti una nación grande, y te bendeciré, y engrandeceré tu nombre, y serás bendición. Bendeciré a los que te bendijeren, y a los que te maldijeren maldeciré; y serán benditas en ti todas las familias de la tierra. Y se fue Abram, como Jehová le dijo; y Lot fue con él. Y era Abram de edad de setenta y cinco años cuando salió de Harán. Tomó, pues, Abram a Sarai su mujer, y a Lot hijo de su hermano, y todos sus bienes que habían ganado y las personas que habían adquirido en Harán, y salieron para ir a tierra de Canaán; y a tierra de Canaán llegaron.

Y pasó Abram por aquella tierra hasta el lugar de Siquem, hasta el encino de More; y el cananeo estaba entonces en la tierra. Y apareció Jehová a Abram, y le dijo: A tu descendencia daré esta tierra. Y edificó allí un altar a Jehová, quien le había aparecido. Luego se pasó de allí a un monte al oriente de Bet-el, y plantó su tienda, teniendo a Bet-el al occidente y Hai al oriente; y edificó allí altar a Jehová, e invocó el nombre de Jehová. Y Abram partió de allí, caminando y yendo hacia el Neguev.

GÉNESIS 12:1-9

En segundo lugar, Abram carecía de luces o referencias en el camino.

No solo carecía de un mapa, tampoco disponía de referencias. Nadie en el pasado había emprendido una aventura semejante. Moisés, cuatrocientos años después, podía recordar la historia de su antepasado, Abraham, pero este no conocía ningún episodio similar.

En ocasiones nos toca caminar sumidos en la sombra, sin luces, sin referencias, sin guía.

Hace mucho tiempo, alguien me mostró una fotografía en la que se veía al sol tocando el horizonte.

—¿Qué ves en esta imagen? —me preguntó.

—Veo un anochecer —respondí tras unos segundos de observación.

—No es un anochecer —corrigió mi interlocutor—. Se trata de un amanecer.

A continuación, me trasladó unas palabras que ni quiero ni puedo olvidar.

—Recuerda esto —me dijo—: habrá momentos en tu vida en que te parezca que está anocheciendo, pero realmente estarás ante un nuevo amanecer. No temas a los finales, pueden ser el mejor comienzo.

Es posible que, tú que lees esto, sientas que los últimos acontecimientos te han sumido en un punto final, un camino sin retorno que desemboca en el abismo. Mientras escribo estas líneas, alzo un clamor a Dios para que te convenza de lo contrario. Con Él jamás una desgracia será la última noticia. Es posible que haya anochecido sobre tu vida, pero la cuarta vigilia de la noche no es solo la más oscura, también es la que precede al nuevo amanecer.

En tercer lugar, Abram no tenía juventud ni demasiada fuerza.

Abram fue llamado para iniciar una etapa completamente nueva cuando tenía setenta y cinco años de edad: «Era Abraham de setenta y cinco años cuando salió de Harán» (Génesis 12:4).

A los noventa y nueve años se le dio la promesa de que tendría un hijo. Así se registra en Génesis 17:1.

El cumplimiento de la promesa llegó cuando Abram contaba con casi un siglo de vida. Respecto a Sara, la esposa de Abraham, tal vez por la cortesía debida, se omite la edad, pero ella no se anda con ambages y reconoce: «Sara no pudo contener la risa al pensar en sus adentros: "¿Ahora que ya estoy seca voy a tener placer con un marido tan viejo?"» (Génesis 18:12, BLP).

¿Puedes captar la intensidad de este episodio? A la edad en que muchos preparan su retiro o ingresan a un geriátrico, comenzó la verdadera aventura para Abram y su esposa Sara.

Todo parecía indicar que había anochecido en su vida, pero realmente estaba comenzando un nuevo día realmente glorioso.

El justo florecerá como la palmera; crecerá como cedro en el Líbano. Plantados en la casa de Jehová, en los atrios de nuestro Dios florecerán.

Aun en la vejez fructificarán; estarán vigorosos y verdes, para anunciar que Jehová mi fortaleza es recto, y que en él no hay injusticia.

SALMO 92:12-15.

Puede que en tu vida ocurra lo mismo que pasaba en las vidas de Sara y Abram. Tal vez piensas que pasó el tiempo de las oportunidades; crees que perdiste los mejores trenes y ya no hay nada que hacer, pero es posible que Dios tenga planes impresionantes contigo.

Abram no creía ya en sí mismo, pero Dios creía en Abram.

No se trata de comenzar la carrera con ilusión y emoción, sino de terminarla con perseverancia y esfuerzo. Lo que confiere autoridad a una vida no es un acto puntual, sino una trayectoria estable.

¿Quieres autoridad? La autoridad no la confieren las palabras, sino los hechos. Las palabras son cera, los hechos son acero.

No se trata de cómo empezamos, sino de cómo terminamos. *La cuestión no es cuántos pasos das, sino cuántas huellas dejas. Un acto llamativo puede asombrar, pero una trayectoria firme logra influir y transformar.*

Hubo personas que alcanzaron un logro que me impresionó, pero otros vivieron de una manera que me inspiró e influyó de forma determinante.

CUESTIÓN DE OBEDIENCIA

Jehová había dicho a Abram: Vete de tu tierra y de tu parentela, y de la casa de tu padre, a la tierra que te mostraré. Y haré de ti una nación grande, y te bendeciré, y engrandeceré tu nombre, y serás bendición. Bendeciré a los que te bendijeren, y a los que te maldijeren maldeciré; y serán benditas en ti todas las familias de la tierra. Y se fue Abram, como Jehová le dijo; y Lot fue con él. Y era Abram de edad de setenta y cinco años cuando salió de Harán. Tomó, pues, Abram a Sarai su mujer, y a Lot hijo de su hermano, y todos sus bienes que habían ganado y las personas que habían adquirido en Harán, y salieron para ir a tierra de Canaán; y a tierra de Canaán llegaron.

Y pasó Abram por aquella tierra hasta el lugar de Siquem, hasta el encino de More; y el cananeo estaba entonces en la tierra. Y apareció Jehová a Abram, y le dijo: A tu descendencia daré esta tierra. Y edificó allí un altar a Jehová, quien le había aparecido. Luego se pasó de allí a un monte al oriente de Bet-el, y plantó su tienda, teniendo a Bet-el al occidente y Hai al oriente; y edificó allí altar a Jehová, e invocó el nombre de Jehová. Y Abram partió de allí, caminando y yendo hacia el Neguev.

GÉNESIS 12:1-9

Hemos analizado las importantes carencias de Abraham en el momento en que recibió la encomienda de dejar su tierra y a su parentela. Observemos ahora lo que sí tuvo y resultó determinante para responder positivamente al llamado de Dios.

Abraham carecía de algunas cosas muy importantes cuando recibió instrucciones de Dios, pero hemos comprobado que esas carencias no impidieron la obediencia, ni arruinaron el plan de Dios.

La meta se alcanzó y el propósito de Dios tuvo cumplimiento porque hubo otras cosas que Abraham sí tuvo, y fueron decisivas para lograr el objetivo.

Hablemos ahora de lo que Abraham sí tuvo:

En primer lugar, Abraham tuvo obediencia.

Y se fue Abram, como Jehová le dijo.

GÉNESIS 12:4

La obediencia trae bendición y lleva inherentes algunas grandes promesas. En la Biblia descubrimos que *toda promesa de Dios va precedida de una premisa, y toda premisa desemboca en una promesa.* Aun así, hay algunas ocasiones en que obedecer a un mandato de Dios desencadena una incalculable serie de bendiciones. Sin ir más lejos, el que nos ocupa es uno de esos casos: una sola premisa liberó siete promesas.

La orden es *una*: «Vete de tu tierra y de tu parentela, y de la casa de tu padre, a la tierra que te mostraré».

Mira ahora *cuántas* promesas que van conectadas a la obediencia:

Una. Haré de ti una nación grande.

Dos. Te bendeciré.

Tres. Engrandeceré tu nombre.

Cuatro. Serás bendición.

Cinco. Bendeciré a los que te bendijeran.

Seis. A los que te maldijeren, maldeciré.

Siete. Serán benditas en ti todas las familias de la tierra.

Pocas cosas son tan beneficiosas como obedecer a Dios.

CUESTIÓN DE FE

Jehová había dicho a Abram: Vete de tu tierra y de tu parentela, y de la casa de tu padre, a la tierra que te mostraré. Y haré de ti una nación grande, y te bendeciré, y engrandeceré tu nombre, y serás bendición. Bendeciré a los que te bendijeren, y a los que te maldijeren maldeciré; y serán benditas en ti todas las familias de la tierra. Y se fue Abram, como Jehová le dijo; y Lot fue con él.

GÉNESIS 12:1-4

En segundo lugar, Abraham tuvo fe.

Salieron para ir a tierra de Canaán; y a tierra de Canaán llegaron.

GÉNESIS 12:5

Cuando se cumple un mandamiento de Dios y se camina en la visión de Dios, se alcanza el plan de Dios.

En tercer lugar, tuvo una pareja que hizo el camino junto a él.

Tomó pues, Abram a Sarai su mujer.

GÉNESIS 12:5

Abraham emprendió el camino junto a su esposa. ¡Qué extraordinaria importancia la de estar unidos a alguien con quien compartimos visión!

Tener una misma visión no es estar de acuerdo siempre, ni coincidir en gustos o aficiones. Se trata de recorrer el mismo camino y en la misma dirección. Cada uno mantiene sus criterios, pero coinciden en lo esencial: ¿hacia dónde queremos ir?

Una garantía de calidad en una relación de pareja es la sincronía, similitud y afinidad. No hablo de que una pareja tenga que ser igual en todo, probablemente una relación así sería poco estimulante y nutritiva. Me refiero a que haya una coincidencia en valores y proyecto de vida.

Pensemos en una pareja en la que una de las partes desde siempre ha deseado tener hijos, pero la otra parte, en cambio, no se lo ha planteado nunca y ha proyectado desde siempre otra fórmula de vida.

O piensa en una pareja en la que una de las partes se ha estado preparando durante años para obtener un buen empleo y con ello adquirir la casa de sus sueños, y convive con una persona aventurera que está planificando pedir una excedencia de dos años para dar la vuelta al mundo viviendo con lo imprescindible.

Ambos casos pintan mal, ¿verdad?

Aunque parezca mentira, hay parejas que en las primeras fases obvian estas diferencias tan relevantes y no ven que la falta de afinidad puede entorpecer seriamente su relación e incluso abrir brechas insalvables entre ellos.

Que la pareja colisione en sus valores y no encuentre coherencia entre ellos genera inconformidad e infelicidad.

La vida de pareja es mucho más placentera cuando ambos tienen una misma visión y valores, convergen y caminan en la misma dirección.

Dos opiniones enriquecen el criterio, dos visiones son una división. Amar no es mirarse el uno al otro, amar es mirar ambos en la misma dirección.

A la hora de decidir con quién compartiremos nuestra vida, debemos recordar que mucho más importante que el color de sus ojos es el enfoque de su visión; más importante que la longitud de sus piernas es el tamaño de su corazón; más crucial que la forma de sus manos es en qué las emplea. No te unas solo a un cuerpo bonito, busca un alma embellecida por Dios, porque las características del cuerpo tienden a deteriorarse, pero las del alma, a acentuarse.

Un camino recorrido junto a la pareja es una bendición. Puede que Abraham y Sarai tuvieran diferentes opiniones sobre muchas cosas, pero en obedecer a Dios estuvieron unidos.

Es inevitable que en la vida en pareja haya diferencias e incluso discusiones, si alguien dice que nunca discutió con su pareja, o miente o tiene mala memoria o es de otro planeta.

Hagamos un lema de esta verdad: en lo esencial, unidad; en lo secundario, respeto, y sobre todas las cosas, amor.

CUESTIÓN DE ALTAR

Y apareció Jehová a Abram, y le dijo: A tu descendencia daré esta tierra. Y edificó allí un altar a Jehová, quien le había aparecido. Luego se pasó de allí a un monte al oriente de Bet-el, y plantó su tienda, teniendo a Bet-el al occidente y Hai al oriente; **y edificó allí altar a Jehová, e invocó el nombre de Jehová.**

GÉNESIS 12:7-8, énfasis añadido

En cuarto lugar, Abraham tuvo siempre un altar donde buscar a Dios.

Mira de nuevo el texto con el que abrimos este capítulo. ¿Te das cuenta de que en dos versículos Abram edifica dos altares? Era un hombre tan dependiente del Señor que vivía pegado al altar de Dios.

No es extraño que el Señor dijera de él: «Serán benditas en ti todas las familias de la tierra». Porque quien tiene la bendición bendice, y la bendición está en el altar de Dios.

Viviendo pegado al altar, las vidas crecen con Dios y crecen en Él.

Génesis 12:8 dice: «Luego se pasó de allí a un monte al oriente de Bet-el, y plantó su tienda, teniendo a Bet-el al occidente y Hai al oriente; y edificó allí altar a Jehová, e invocó el nombre de Jehová. Y Abram partió de allí, caminando y yendo hacia el Neguev».

Estaba entre Bet-el y Hai, y allí levantó altar. Bet-el significa «casa de Dios», mientras que Hai significa «ruina».

El altar estaba justo entre Bet-el y Hai. Esta imagen presenta la constante batalla que libra el ser humano entre Bet-el y Hai; es decir, entre la casa de Dios y la ruina.

Todos nos debatimos entre momentos en los que Dios señorea, y otros en los que nosotros tomamos el control y fracasamos.

El acierto de Abram fue que entre ambos lugares levantó un altar y allí recurrió después de cada uno de sus fracasos.

Miremos Génesis 12:2-4: «Y haré de ti una nación grande, y te bendeciré, y engrandeceré tu nombre, y serás bendición. Bendeciré a los que te bendijeren, y a los que te maldijeren maldeciré; y serán benditas en ti todas las familias de la tierra. Y se fue Abram, como Jehová le dijo; y Lot fue con él. Y era Abram de edad de setenta y cinco años cuando salió de Harán».

Descubrimos al patriarca iniciando su camino. Cometió varios errores en ese trayecto. Uno de ellos tuvo lugar durante su estancia en Egipto. Allí, Abraham dio pruebas de que no estaba libre de la debilidad y la imperfección humanas, cuando ocultó que Sara era su esposa y dijo que era su hermana. Así demostró desconfianza en el cuidado divino, y una falta de esa fe y coraje sublimes tan frecuente y noblemente ejemplificados en su vida.

Errar es humano, rectificar es de sabios, pero persistir y recrearse en el error es diabólico.

Vemos en Abraham un gran rasgo de humildad cuando reconoció su falta y retornó hasta el mismo punto de inicio: el lugar donde invocó el nombre de Jehová, el altar de Dios.

Subió, pues, Abram de Egipto hacia el Neguev, él y su mujer, con todo lo que tenía, y con él Lot. Y Abram era riquísimo en ganado, en plata y en oro. Y volvió por sus jornadas desde el Neguev hacia Bet-el, hasta el lugar donde había estado antes su tienda entre Bet-el y Hai, al lugar del altar que había hecho allí antes; e invocó allí Abram el nombre de Jehová.

GÉNESIS 13:1-4

Abraham fue un hombre que, en aciertos y en errores, recurría al altar de Dios.

Francisco de Quevedo, uno de los inmortales referentes de la literatura española, escribió allá por el siglo XVII: «Érase un hombre a una nariz pegado, érase una nariz superlativa». Este mordaz texto lo escribió contra su archienemigo, el también poeta Luis de Góngora. Lo más normal es que la nariz esté «pegada» al rostro, pero aquí Quevedo nos dice que la nariz era tan grande que el hombre parecía «pegado» a ella.

De Abraham podía decirse: «Era un hombre a un altar pegado, era un altar superlativo». Es mi anhelo y oración que de mí pudiera decirse algo semejante.

No te desanimes si en tu historia hay una Hai (ruina) e incluso varias. En su lugar, preocúpate si en tu vida no hay un altar. Después del vergonzoso pecado de Egipto, Abraham volvió sobre sus pasos hasta el altar que levantó tiempo atrás.

LA VERDADERA FE

Mamá, conociendo la desmesurada pasión que siempre has demostrado por tus hijos, el asombroso espíritu de protección y el celo inmensurable por protegerlos y cuidarlos, temo que la historia de hoy te provoque cierto sufrimiento.

Te confieso que también yo, cada vez que repaso este acontecimiento, siento mi corazón encogerse y latir a ritmo de elegía.

No es para menos, pues el episodio de la vida de Abraham en el que hoy vamos a introducirnos supone una de las escenas más duras, sangrantes e incomprensibles de la literatura universal. Sin embargo, hay tesoros que yacen entre los pliegues de esta cruenta historia, y por eso no tengo ninguna duda de que debemos enterrar nuestros pies en el barro de este valle.

Leamos el relato:

Aconteció después de estas cosas, que probó Dios a Abraham, y le dijo: Abraham. Y él respondió: Heme aquí. Y dijo: Toma ahora tu hijo, tu único, Isaac, a quien amas, y vete a tierra de Moriah, y ofrécelo allí en holocausto sobre uno de los montes que yo te diré. Y Abraham se levantó muy de mañana, y enalbardó su asno, y tomó consigo dos siervos suyos, y a Isaac su hijo; y cortó leña para el holocausto, y se levantó, y fue al lugar que Dios le dijo. Al tercer día alzó Abraham sus ojos, y vio el lugar de lejos. Entonces dijo Abraham a sus siervos: Esperad aquí con el asno, y yo y el muchacho iremos hasta allí y adoraremos, y volveremos a vosotros. Y tomó Abraham la leña del holocausto, y la puso sobre Isaac su hijo, y él tomó en su mano el fuego y el cuchillo; y fueron ambos juntos. Entonces habló Isaac a Abraham su padre, y dijo: Padre mío. Y él respondió: Heme aquí, mi hijo. Y él dijo: He aquí el fuego y la leña; mas ¿dónde está el cordero para el holocausto? Y respondió Abraham: Dios se proveerá de cordero para el holocausto, hijo mío. E iban juntos.

Y cuando llegaron al lugar que Dios le había dicho, edificó allí Abraham un altar, y compuso la leña, y ató a Isaac su hijo, y lo puso en el altar sobre la leña. Y extendió Abraham su mano y tomó el cuchillo para degollar a su hijo. Entonces el ángel de Jehová le dio voces desde el cielo, y dijo: Abraham, Abraham. Y él respondió: Heme aquí. Y dijo: No extiendas tu mano sobre el muchacho, ni le hagas nada; porque ya conozco que temes a Dios, por cuanto no me rehusaste tu hijo, tu único. Entonces alzó Abraham sus ojos y miró, y he aquí a sus espaldas un carnero trabado en un zarzal por sus cuernos; y fue Abraham y tomó el carnero, y lo ofreció en holocausto en lugar de su hijo. Y llamó Abraham el nombre de aquel lugar, Jehová proveerá. Por tanto se dice hoy: En el monte de Jehová será provisto.

GÉNESIS 22:1-14.

Me permití tomar el bisturí de la lectura indagatoria y con él diseccioné cuidadosamente esta impresionante narración. Ante mis ojos fueron apareciendo los diversos detalles y características que describen a la AUTÉNTICA FE. Permite que los presente. La primera característica es la siguiente:

La verdadera fe responde a cualquier llamado de Dios.

Heme aquí.

GÉNESIS 22:1

Esta fue la respuesta de Abraham al llamado de Dios. La palabra que aquí se traduce como «Heme aquí» es la expresión hebrea *hineni*.

El significado literal de tal expresión es: «Dejo cualquier cosa que me distraiga, abro mi mente y mi corazón y me pongo a tu servicio, aquí y ahora, en cuerpo, alma y espíritu».

Había al menos diez palabras que Abraham pudo haber usado para responder a la llamada de Dios, pero eligió la que le comprometía hasta las últimas consecuencias. Abraham no estaba implicado en el plan de Dios, sino que se había comprometido con Dios y su plan.

¿Sabes cuál es la diferencia entre estar implicado y estar comprometido?

No es mía la frase e ignoro quién es su autor, pero resulta muy aclaratoria:

«La próxima vez que desayunes huevos con beicon, recuerda esto: la gallina estaba implicada, el cerdo estaba comprometido».

Estoy seguro de que jamás, ni antes ni después de este momento, Abraham enfrentó una prueba tan difícil como esta. Él era un hombre de altar. Edificaba altares a Dios constantemente, pero ninguno fue tan difícil de levantar como este sobre el que entregaría a su propio hijo.

¿Por qué Dios le pidió tal cosa? ¿Estaba jugando con Abraham?

Dios no estaba jugando con Abraham. Dios nunca usa a los seres humanos como juguetes. Dios estaba probando a Abraham.

En Génesis 22:1 leemos: «Aconteció después de estas cosas, que probó Dios a Abraham».

¿Sabes que los hebreos, cuando leen esta porción de la Biblia, no leen «probó Dios a Abraham», sino «levantó Dios a Abraham»? Debido a que esa durísima prueba sirvió para alzar a Abraham al lugar que Dios había previsto para él.

No era un juego, sino una estrategia. Todo formaba parte de un plan perfecto orquestado en el cielo.

LA VERDADERA FE (II)

Aconteció después de estas cosas, que probó Dios a Abraham, y le dijo: Abraham. Y él respondió: Heme aquí. Y dijo: Toma ahora tu hijo, tu único, Isaac, a quien amas, y vete a tierra de Moriah, y ofrécelo allí en holocausto sobre uno de los montes que yo te diré. Y Abraham se levantó muy de mañana, y enalbardó su asno, y tomó consigo dos siervos suyos, y a Isaac su hijo; y cortó leña para el holocausto, y se levantó, y fue al lugar que Dios le dijo.

GÉNESIS 22:1-3

L a segunda característica de la fe que destaca en esta porción de la Biblia es:

La fe sabe que cualquier cosa sin Dios es nada, pero Dios sin ninguna cosa más lo es todo.

El dolor de Abraham fue atroz. Una orden concreta y muy dura, que fue además endurecida con frases de acero.

«Toma ahora a tu hijo, tu único, Isaac, a quien amas».

No había escapatoria. Era imposible esquivar la orden, no cabía la posibilidad de ofrecer otro sacrificio y aludir a una mala interpretación de la orden divina. Los detalles que Dios añadía a su discurso iban cerrando el círculo hasta que dentro de él solo cabía Isaac.

Sin embargo, la promesa que Dios le había dado era: «Serás padre de multitudes». Si Isaac era su único hijo, con él moriría su proyecto, terminaría el plan de Dios para su vida. Con Isaac enterraría su sueño, su futuro de vida y la promesa de Dios para él. Además, el nombre Isaac significa «Dios me hizo reír». Muerto Isaac, con él quedaría también sepultada su risa y toda su alegría.

Es impresionante el estilo literario de la escena: «Vete a tierra de Moriah, a tres días de camino». Este detalle descarta la posibilidad de que la obediencia de Abraham fuera impulsiva. Sería una entrega meditada, madurada, calculada y bien pesada.

«Y ofrécelo allí en holocausto». Podría haber dicho «entrégalo en sacrificio», pero dijo «en holocausto». La diferencia entre sacrificio y holocausto es que sacrificio significa «hacer sagrado». Entregándolo a un templo, como hiciera Ana con su hijo Samuel, ya lo habría sacrificado. Holocausto significa «quemado totalmente, incendio total». Y se refiere a que aquello que se ha sacrificado debe ser, una vez muerto, consumido por el fuego.

Cada frase era un nuevo bidón de combustible para el horno de prueba. Isaac representaba su proyecto de futuro. Era su plan, su sueño, su propósito.

Abraham lo entregó todo para quedarse con el plan de Dios, porque la *fe entiende que cualquier cosa sin Dios es nada, pero Dios sin ninguna cosa más lo es todo.*

LA VERDADERA FE (III)

Aconteció después de estas cosas, que probó Dios a Abraham, y le dijo: Abraham. Y él respondió: Heme aquí.

Y dijo: Toma ahora tu hijo, tu único, Isaac, a quien amas, y vete a tierra de Moriah, y ofrécelo allí en holocausto sobre uno de los montes que yo te diré. Y Abraham se levantó muy de mañana, y enalbardó su asno, y tomó consigo dos siervos suyos, y a Isaac su hijo; y cortó leña para el holocausto, y se levantó, y fue al lugar que Dios le dijo.

GÉNESIS 22:1-3

O tro rasgo admirable de la fe de Abraham fue que:

No era una fe especulativa.

Toma ahora tu hijo.

GÉNESIS 22:2

Tomó [...] a Isaac [...] y fue.

GÉNESIS 22:3

La verdadera fe no negocia las instrucciones divinas, está acostumbrada a salir, aunque no sepa exactamente adónde va. Emprende el camino, aunque solo vea tierra sobre la que posar el primero de los pasos. Si Dios da la visión, Él dará la provisión. Si Dios me dice «camina», se ocupará de los detalles de la senda a recorrer.

Dice el texto bíblico: «Se levantó muy de mañana».

¿Piensan que durmió algo esa noche?

Abraham corrió para cumplir la misión que Dios le encomendó. No procrastinó la misión. No postergó la respuesta. No dilató la obediencia. Obedeció inmediatamente. ¡Eso se llama fe!

Me conmueve el detalle que añade la Biblia: «Tomó consigo dos siervos suyos». Este episodio me recuerda a Jesús en Getsemaní, cuando se hizo acompañar de sus tres discípulos más íntimos. Es lícito, más aún, es totalmente necesario compartir las grandes cargas.

Aun así, el último trecho lo hizo a solas. De nuevo visualizo a Jesús cargando Él solo el madero, camino del Calvario.

Hay tramos del camino que son tan estrechos que solo cabe una persona. No hay más alternativa que recorrerlos en absoluta soledad. He podido comprobar que hay ocasiones en que la cruz debemos cargarla con ayuda, pero también se presentan etapas en las que Él permite la soledad, porque la compañía no supondría un alivio, sino una interferencia al trato de Dios con nosotros.

LA VERDADERA FE (IV)

Al tercer día alzó Abraham sus ojos, y vio el lugar de lejos. Entonces dijo Abraham a sus siervos: Esperad aquí con el asno, y yo y el muchacho iremos hasta allí y adoraremos, y volveremos a vosotros.

GÉNESIS 22:5

Un aspecto conmovedor de la verdadera fe es que:

La fe transforma la tragedia en adoración.

En Génesis 22:5 leemos: «Yo y el muchacho iremos hasta allí y adoraremos».

Algo que vale la pena destacar es que este versículo representa el primer lugar en la Biblia donde aparece la palabra «adoración».

¿No te parece conmovedor que esa primera vez sea en una situación tan dramática?

No hace su aparición envuelta en un culto de avivamiento, sino en pura tragedia. Esto se llama sacrificio de alabanza.

Convirtió el potro de tortura en altar de adoración. Se dirigía a Moriah a entregar su sacrificio supremo, pero optó por llamarlo adoración.

La verdadera fe transforma la tragedia en adoración.

Veamos una característica más de la verdadera fe:

La fe ve el cumplimiento de la promesa, aunque todo parece indicar lo contrario.

Yo y el muchacho iremos hasta allí y adoraremos, y volveremos a vosotros.

GÉNESIS 22:3

Escucha, Abraham, vas a subir al monte para hacer dos cosas: sacrificar a tu hijo, y después quemarlo como holocausto.

¿Qué es eso de que volverán los dos?

¿Estás queriendo decir que regresarás con Isaac hecho cenizas y en una caja de madera?

Estoy persuadido de que la mente de Abraham había concebido que Dios resucitaría a su hijo Isaac.

La promesa de Dios fue que él sería padre de multitudes y que el embrión de esa multitud sería Isaac. Dios se ocuparía de resucitarlo.

Sí, creo que Abraham esperaba la resurrección de Isaac. Su cometido era obedecer; el de Dios, cumplir su promesa.

La fe ve el cumplimiento de la promesa, aunque todo parece indicar lo contrario.

Y otra característica más de la verdadera fe:

La fe cree siempre en la provisión de Dios.

Dios se proveerá de cordero para el holocausto, hijo mío.

GÉNESIS 22:8

Hay ocasiones en las que no veo nada, ni tampoco siento nada, pero la auténtica realidad es que no vivo por lo que veo, ni vivo por lo que siento; vivo por lo que creo. Eso es fe.

Abraham dijo: «Dios se proveerá de cordero para el holocausto, hijo mío».

Me permito pensar que, sin ser él consciente, Abraham pronunció una hermosa profecía. Habría un cordero para el sacrificio. Es más, sin ser consciente, pronunció una frase impresionante que se convirtió en un dedo índice que apuntó al Gólgota: al momento y lugar en el que siglos después el Cordero de Dios se entregaría en sacrificio expiatorio.

Y ocurrió que, mientras Abraham e Isaac ascendían por una ladera del monte, el cordero que sería la provisión de Dios estaba subiendo por la otra ladera.

No lo veían todavía, pero estaba ocurriendo.

Hay cosas que todavía no vemos, pero que ya comenzaron a ocurrir. La respuesta a nuestra oración comienza en el cielo antes de que la sintamos en la tierra.

Con razón los hebreos leen: «Levantó Dios a Abraham». Aquella difícil prueba sirvió para alzar al patriarca a la cumbre prevista por Dios.

Conviene recordar que los aviones despegan contra el viento y que las águilas usan la tempestad para elevarse. Así pasó con Abraham.

LA VERDADERA FE (Conclusión)

Y cuando llegaron al lugar que Dios le había dicho, edificó allí Abraham un altar, y compuso la leña, y ató a Isaac su hijo, y lo puso en el altar sobre la leña. Y extendió Abraham su mano y tomó el cuchillo para degollar a su hijo. Entonces el ángel de Jehová le dio voces desde el cielo, y dijo: Abraham, Abraham. Y él respondió: Heme aquí. Y dijo: No extiendas tu mano sobre el muchacho, ni le hagas nada; porque ya conozco que temes a Dios, por cuanto no me rehusaste tu hijo, tu único. Entonces alzó Abraham sus ojos y miró, y he aquí a sus espaldas un carnero trabado en un zarzal por sus cuernos; y fue Abraham y tomó el carnero, y lo ofreció en holocausto en lugar de su hijo. Y llamó Abraham el nombre de aquel lugar, Jehová proveerá. Por tanto se dice hoy: En el monte de Jehová será provisto.

GÉNESIS 22:9-14

Durante varios días hemos estado desgranando el fruto de la fe, descubriendo la inmensa riqueza que yace en sus entrañas. Debo ir concluyendo y lo haré añadiendo lo siguiente:

La fe adora, aun cuando todo invite a maldecir.

Y extendió Abraham su mano y tomó el cuchillo para degollar a su hijo. Entonces el ángel de Jehová le dio voces desde el cielo, y dijo: Abraham, Abraham. Y él respondió: Heme aquí.

GÉNESIS 22:10-11

Debo decirte que esta parte del relato hace que mi corazón se encoja y lágrimas asomen a mis ojos.

¿La razón? Por supuesto que la tensión alcanza su punto álgido en este momento de la historia, pero lo que me conmueve hasta las lágrimas es la respuesta de Abraham cuando, de nuevo, Dios lo llama en ese instante:

Génesis 22:11 dice: «Heme aquí».

La palabra que Abraham utiliza en este momento es exactamente la misma que verbaliza al principio de la historia, *hineni*: «Dejo cualquier cosa que me distraiga; abro mi mente y mi corazón, y me pongo a tu servicio, aquí, y ahora, en cuerpo, alma y espíritu».

¡La misma! ¡Exactamente la misma palabra que le dijo a Dios al principio del relato!

Sin embargo, hay una diferencia notable entre las emociones que embargaban a Abraham en los dos momentos. En el primer caso, el patriarca ignoraba qué iba a decirle Dios, pero ahora

Abraham está con el cuchillo levantado, a punto de descargarlo sobre Isaac, en obediencia a la orden de Dios.

En ese momento crítico, trágico, imposible de describir, Dios llama a Abraham, y Abraham dice: *¡Hineni!*

Tenía diez palabras alternativas para responder a la llamada de Dios. Pero eligió de nuevo la que lo comprometía hasta las últimas consecuencias.

En ese momento Abraham debía de estar triste, cargado, abrumado, tal vez muy enfadado, pero cuando Dios le llama, él responde «*hineni*».

Eso se llama fe.

¿El resultado?

Dios le dice:

«Por cuanto has hecho esto»:

- «Te bendeciré». Bendición para él.
- «Tu descendencia poseerá las puertas de sus enemigos». Eso es bendición para los suyos.
- «En tu simiente serán benditas todas las naciones de la tierra, por cuanto obedeciste a mi voz». Eso es bendición para todas las naciones y generaciones a través de Abraham y de su descendencia.

Fueron tres días de camino hasta el monte Moriah. Ahora hay tres promesas de alcance universal.

La obediencia a Dios conlleva resultados maravillosos. La obediencia extrema a Dios desencadena resultados de alcance incalculable, que no solo afectarán positivamente a quien obedece, sino que a través de él provocará cambios perennes en la humanidad.

Sin embargo, no puedo concluir estas reflexiones sin insistir en que este pasaje es un dedo índice que apunta al Calvario y a los acontecimientos que siglos después se darían en el Gólgota.

Después de leer y meditar en el acto de fe de Abraham, y en la enorme prueba que vivió, puedo comprender un poco mejor lo que Dios hizo al entregar a su Hijo.

- «Toma ahora tu hijo, *tu único*, Isaac» (Génesis 22:2, énfasis añadido).
- «Porque de tal manera amó Dios al mundo que ha dado a su *Hijo unigénito*» (Juan 3:16, énfasis añadido).
- «Y vete a tierra de Moriah, y ofrécelo allí en holocausto» (Génesis 22:2)
- En realidad, Moriah es una cordillera, y una de las montañas que la conforman es el Gólgota, donde crucificaron a Jesucristo.
- «Ofrécelo [...] en holocausto» (Génesis 22:2).
- «Que Cristo murió por nuestros pecados, conforme a las Escrituras» (1 Corintios 15:3).
- «Y tomó Abraham la leña del holocausto, y la puso sobre Isaac su hijo» (Génesis 22:6).
- «Y él [Jesús], cargando su cruz» (Juan 19:17).
- «¿Dónde está el cordero para el holocausto?» (Génesis 22:7).
- «Vio Juan a Jesús que venía él y dijo: He aquí el Cordero de Dios que quita el pecado del mundo» (Juan 1:29).
- Isaac, el hijo de Abraham, actuó en obediencia a su padre, convirtiéndose en el sacrificio (Génesis 22:6).
- Jesús, el Hijo de Dios, oró diciendo: «Padre mío, si es posible, pase de mí esta copa; pero no sea como yo quiero, sino como tú» (Mateo 26:39).
- ¡Y llegó la resurrección! Isaac resucitó como figura y Jesús lo hizo como realidad.

¡Eso se llama fe!

JEREMÍAS

Después de emociones intensas, el sueño se hace también intenso y profundo. Solo a la mañana siguiente descubrí, por la manera en que me desperté, hasta qué punto me había afectado la conversación que mantuvimos. Por primera vez habíamos hablado de tu partida. No era ya en tu casa donde te visitaba, sino en el hospital donde llevabas varios días ingresada. Nuestras conversaciones no tenían lugar en el pequeño pero acogedor salón, sino en el aséptico cuarto de la clínica.

Al despertarme, me pareció que surgía de profundidades insondables. Me di una ducha rápida, me vestí rápidamente y salí hacia el día de verano más perfecto que se pueda imaginar: el cielo, lavado por la lluvia de todo velo y nubecilla; el sol, fuerte y, sin embargo, sin bochorno; los contornos del paisaje, destacados con nitidez. Se distinguía a lo lejos cada casa, cada árbol y cada campo, tan real y claramente como si uno los tuviera en la mano; cada maceta de flores en las ventanas, cada voluta de humo en los tejados, parecían fortalecidos en su existencia por colores limpios y subidos.

A pesar de que había despertado algo aturdido por nuestra última conversación, conseguí rehacerme y ya me sentía espléndidamente, ligero y aliviado, liberado de todo problema y agobio, de toda la inquietud que me había atacado durante los últimos días y semanas. Te sabía enferma, mamá, sí, pero pocas veces creí haber cumplido mejor con mi responsabilidad que aquella mañana, radiante y soleada. El día anterior, las informaciones fueron halagüeñas. Las doctoras y doctores parecieron ponerse de acuerdo para darnos buenas nuevas. Todo salió bien y todo me hizo feliz, por eso disfrutaba del cielo y los prados, las nubes y las aves.

En cambio, los estados de felicidad intensa tienen también algo de aturdidor, como todo lo que embriaga. El goce vehemente del presente hace olvidar siempre el pasado. Y así, aquella tarde, cuando después de un reconfortante paseo retorné al hospital, el estado en que te vi me hizo aterrizar de nuevo en el valle de la consternación.

Había mucho silencio en el pasillo, y también en la entrada de tu cuarto. Crucé la puerta, que se abrió sin hacer ruido. A primera vista no percibí sino una penumbra rojiza en la espaciosa habitación oscurecida por unas cortinas de color naranja. Tras las ventanas quedaba el jardín. Solo después de un rato distinguí en el fondo el rectángulo más claro de tu cama. De allí vino, tímida, la voz que anhelaba escuchar:

«Hola, hijito», sonó muy débil el saludo, «¡qué pronto has venido hoy!».

Solo cuando alcé un poco la cortina percibí tu mirada, que no se apartaba de mí. Vi como tus dedos recorrían, convulsos, los pliegues de la sábana.

«Tengo mucha sed».

Proferiste esas palabras con los ojos enardecidos y con una palidez extrema. Acaricié tu frente y puse sobre ella una gasa mojada en agua. Tu cabeza, agotada, se recostó sobre la almohada. Poco a poco la sangre fluyó de nuevo a tus labios.

Llené un vaso con agua, introduje una pajita y me dispuse a darte de beber.

En ese momento me ocurrió algo extraño. Por lo general, sé dominarme bastante bien, y tengo manos firmes y seguras, pero verte tan enferma produjo un estallido inesperado y me trastornó de tal manera que sentí todos mis miembros como paralizados. Con dificultad, tomé el vaso, pero al acercártelo los dedos me temblaron tanto que no pude sostener derecho el vaso y gran parte del agua se derramó sobre ti.

Tuve que retirarme un par de metros, respirar profundamente y aproximarme de nuevo. Otra vez el vaso vaciló inseguro en mi mano temblorosa antes de acercarlo a tus labios.

Y así, como cuando una fuerte ola se lanza contra nosotros, tambaleándonos, y nos esforzamos en vano en hacerle frente, así traté de no ceder a mi enorme consternación.

Delante de mí tenía a una mujer venida a menos y golpeada por la enfermedad, pero con las pupilas chispeantes y una boca animada por la sonrisa.

Tomé tu mano y la besé.

Tenías un aspecto estremecedor, sonriéndome desde las almohadas, medio temerosa todavía y medio tranquilizada ya: parecías una niña, una niña antes de acostarse. Todo estaba bien, la atmósfera se había serenado como el cielo después de una tormenta. Me acerqué a ti con toda naturalidad y casi tranquilo. Sentado a tu cabecera percibí que tu sonrisa actuaba como inyección de paz para mi sistema nervioso central. La procesión, sin embargo, iba por dentro.

Desde esa misma noche me sumergí en el estudio de Jeremías, mi estado de ánimo no me permitía otra cosa.

Me embargaba la sensación de que tú, mamá, te morías.

DE LA CISTERNA A LA LIBERTAD

Entonces tomaron ellos a Jeremías y lo hicieron echar en la cisterna de Malquías hijo de Hamelec, que estaba en el patio de la cárcel; y metieron a Jeremías con sogas. Y en la cisterna no había agua, sino cieno, y se hundió Jeremías en el cieno.

JEREMÍAS 38:6

Entonces mandó el rey al mismo etíope Ebed-melec, diciendo: Toma en tu poder treinta hombres de aquí, y haz sacar al profeta Jeremías de la cisterna, antes que muera.

JEREMÍAS 38:10

De este modo sacaron a Jeremías con sogas, y lo subieron de la cisterna; y quedó Jeremías en el patio de la cárcel.

JEREMÍAS 38:13

Y ahora yo te he soltado hoy de las cadenas que tenías en tus manos. Si te parece bien venir conmigo a Babilonia, ven, y yo velaré por ti; pero si no te parece bien venir conmigo a Babilonia, déjalo. Mira, toda la tierra está delante de ti; ve a donde mejor y más cómodo te parezca ir.

JEREMÍAS 40:4

Como persona que ama la lectura, debo señalar que uno de los autores que desde niño me han inspirado es el reconocido danés Hans Christian Andersen. Nació el 2 de abril de 1805 en Odense, Dinamarca. Su familia era tan pobre que en ocasiones tuvo que dormir bajo un puente y mendigar. Fue hijo de un zapatero de veintidós años, instruido pero enfermizo, y de una lavandera de confesión protestante. Andersen dedicó a su madre dos de sus cuentos: «La pequeña cerillera», por su extrema pobreza, y «No sirve para nada», motivado por el alcoholismo que esclavizó a esa mujer.

Desde muy temprana edad, Andersen mostró una gran imaginación, que fue alentada por la indulgencia de sus padres. En el año 1816, su padre murió y Andersen, con once años, dejó de asistir a la escuela. Se dedicó a leer todas las obras que podía conseguir, entre ellas las de Ludwig Holberg y William Shakespeare.

Asimiló la idea firme de que no era hijo de su padre, sino que era el vástago ilegítimo del príncipe Christian Frederik, que más tarde sería coronado como Christian VIII de Dinamarca.

Andersen era un muchacho feo y desgarbado que siempre tuvo serias dificultades con su autoestima. Con una enorme nariz y pies excesivamente grandes, prácticamente no tuvo amigos en su niñez y sufrió acoso durante años. Incluso en su juventud fue rechazado como cantante de ópera y artista teatral, siendo objeto de burla por parte de sus compañeros. Sin embargo, finalmente logró triunfar como escritor y alzar el vuelo muy por encima de los que se habían reído de él.

Siendo ya reconocido a nivel mundial, el filósofo y crítico Georg Brandes le preguntó si tenía pensado escribir su autobiografía.

«Ya lo hice», respondió Andersen. «El cuento del patito feo es mi biografía».

Así es, el cuento del patito feo es una metáfora de su propia vida. Un polluelo de cisne criado entre patos. Los historiadores creen que antes de escribir el cuento, el autor encontró algo que le hizo pensar que era de sangre real. La metáfora no solo se aplica al hecho de que al crecer pudo hacer brillar su belleza interior y su extraordinario talento, sino que explica que él pertenecía a un linaje superior: era hijo de un rey.

Andersen quiso ser cantante de ópera y actor, pero triunfó como escritor y poeta, siendo sus libros de cuentos los que le llevaron a alcanzar la fama hasta ser reconocido como «el danés más famoso del mundo».

Tal vez te preguntes qué sentido tiene lo que acabo de contarte. ¿Guarda alguna conexión con el texto bíblico que encabeza esta reflexión?

Créeme que sí.

Volvamos a esa porción de la Biblia que nos sitúa junto al profeta en uno de los momentos más difíciles de su vida:

*Entonces tomaron ellos a Jeremías y lo hicieron echar en la cis-
terna de Malquías hijo de Hamelec, que estaba en el patio de la
cárcel; y metieron a Jeremías con sogas. Y en la cisterna no había
agua, sino cieno, y se hundió Jeremías en el cieno.*

JEREMÍAS 38:6

El profeta se vio en un proceso en el que progresivamente su
vida iba desmoronándose. Paso a paso se sumía en el abismo.

Apresado y encadenado, asistió al terrible hecho de perder la
libertad, pero no fue eso lo peor.

Arrojado en una cisterna donde era tragado por el cieno putre-
facto. Transcurrió tiempo y tiempo, con tan solo fango maloliente
en torno a él.

Entonces, una vez que se toca fondo solo cabe empezar a salir
a la superficie.

Lo sacaron de allí y se encontró en el patio de la cárcel. Poco
después escucharía la frase: «Mira, toda la tierra está delante de
ti; ve a donde mejor y más cómodo te parezca ir». Eso se llama
libertad.

Si mientras Jeremías se hundía en el lodo le hubieran dicho que
en breve podría elegir el destino hacia el que correr, habría pensado
que tal posibilidad era una ilusión imposible de cumplir.

Tal vez ahora mismo sientes que el cieno te traga. Si fuera así,
junto con mi cercanía y solidaridad, quiero animarte a descansar y
a confiar en Dios, porque llegará la ansiada libertad.

Hans Christian Andersen vivió alentado por el hecho de que
en sus venas corría sangre real. Mientras mendigaba o dormía bajo
un puente, mientras se burlaban de su aspecto físico o le repro-
chaban su escasa formación académica, él creyó que el patito feo
podría convertirse en un cisne.

Mientras el cieno intenta permear en ti, mira hacia arriba, deja
que el rayo de luz que entra por la boca de la cisterna cale hasta tu
alma y te llene de fe.

He aprendido que la fe convierte la adversidad en oportunidad y al dolor en un maestro, porque, con la fe, las dos opciones que nos ofrece la vida no son ganar o perder, sino ganar o aprender.

He aprendido que, caminando en fe, cuando caigo lo hago hacia adelante, convirtiendo el tropiezo en un paso más hacia la meta.

He aprendido, en fin, que fe es mirar la noche y verla como el útero donde se está gestando un nuevo día; encarar el invierno y saber que es la antesala de una nueva primavera; confiar en que frente a un monte grande solo es necesaria una determinación más grande todavía.

POCO A POCO

Pero el etíope Ebed-melec, un importante funcionario de la corte, se enteró de que Jeremías estaba en la cisterna. En ese momento el rey estaba en sesión junto a la puerta de Benjamín, entonces Ebed-melec salió del palacio a toda prisa para hablar con él.

—Mi señor y rey —dijo—, estos hombres hicieron un gran mal al poner al profeta Jeremías dentro de la cisterna. Pronto morirá de hambre porque casi no hay pan en la ciudad.

Entonces el rey le dijo a Ebed-melec:

—Toma contigo a unos treinta de mis hombres y saca a Jeremías de la cisterna antes de que muera.

Así que Ebed-melec se llevó a los hombres y fue a la habitación del palacio que estaba debajo de la tesorería. Allí encontró trapos viejos y ropa desechada que llevó a la cisterna y se los bajó con sogas a Jeremías. Ebed-melec le gritó a Jeremías: «Ponte estos trapos debajo de tus axilas para protegerte de las sogas». Cuando Jeremías estuvo listo, lo sacaron.

Entonces regresaron a Jeremías al patio de la guardia —la prisión del palacio— y allí permaneció.

JEREMÍAS 38:7-13, NTV

Del mismo modo que hubo un proceso hasta que Jeremías se vio sumido en el cieno de la cisterna, también su liberación llegó de forma gradual. Mientras Jeremías se sentía morir en el cieno, su caso ya estaba siendo tratado en palacio. Ya lo dije antes, pero permite que lo repita: las respuestas a nuestras oraciones comienzan en el cielo antes de que nosotros las sintamos en la tierra.

Mientras el profeta contaba los minutos que le restarían de vida, alguien hacía acopio de sogas para proporcionarle libertad.

Finalmente fue alzado de la cisterna y volvió a respirar un aire diferente al corrompido, pero su cuerpo seguía lleno de basura y el entorno en que se hallaba seguía siendo la cárcel, el patio de la cárcel.

La liberación llegó de forma paulatina. Pasó tiempo, posiblemente días, hasta que por fin escuchó: «Mira, toda la tierra está delante de ti; ve a donde mejor y más cómodo te parezca ir» (Jeremías 40:4).

Fue sacado de la cisterna en el capítulo 38, pero se mantuvo en la prisión, y es en el capítulo 40 donde escucha esas palabras. Lo que en el texto bíblico se relata en dos capítulos, a efectos cronológicos pudo suponer varias semanas.

No todo ocurrirá de forma instantánea. *Da un paso, aunque solo sea uno; no te llevará hasta donde quieres ir, pero te sacará de donde no quieres estar.*

Poco a poco, el SEÑOR tu Dios irá expulsando a esas naciones de tu paso. No las echarás a todas de una sola vez porque, de ser así, los animales salvajes se multiplicarían con demasiada rapidez para ti.

DEUTERONOMIO 7:22, NTV

Este versículo muestra una obra realizada por mandato de Dios, obra realizada con la ayuda de Dios, obra realizada con éxito y, sin embargo, obra que progresa lentamente hacia la perfección prometida. El lento avance no se debe a indolencia ni a infidelidad humanas, sino a la ordenanza divina. ¿Por qué no lo hizo todo de una vez? ¡Cuán fácilmente con el soplo de su boca pudo haber limpiado la tierra del último resto contaminante de los cananeos y sus idolatrías! La razón de la demora la da Dios. No servía de nada que la gente conquistara el país más rápido de lo que podía ocuparlo por completo y cultivarlo adecuadamente.

Mientras los hebreos crecían e iban siendo suficientes para ocupar la tierra, labrarla y atenderla, el enemigo que aún quedaba allí se ocupaba de hacerlo.

¿Cuántas veces te ha ocurrido que rogaste a Dios que cambiase tus circunstancias, pero Él no lo hizo porque estaba utilizando esas circunstancias para cambiarte a ti?

Dios no tarda, Dios se esmera, y cuando no nos da lo bueno, es porque está preparando lo mejor.

HAZ LO NATURAL, DIOS HARÁ LO SOBRENATURAL

Poco a poco, el Señor tu Dios irá expulsando a esas naciones de tu paso. No las echarás a todas de una sola vez porque, de ser así, los animales salvajes se multiplicarían con demasiada rapidez para ti.

DEUTERONOMIO 7:22, NTV

Cuando Jeremías estuvo listo, lo sacaron [de la cisterna]. Entonces regresaron a Jeremías al patio de la guardia —la prisión del palacio— y allí permaneció.

JEREMÍAS 38:12-13, NTV

De la cisterna, Jeremías pasó a la prisión. No fue directamente a la libertad. Dios trabaja mediante procesos y a través de ellos pule nuestra vida.

En esos procesos nosotros tenemos una parte activa. Un detalle importante en Deuteronomio 7:22 es que el texto bíblico dice: «el SEÑOR tu Dios irá expulsando a esas naciones de tu paso», pero a continuación añade: «No las echarás a todas de una sola vez».

¿Las echarás? ¿Se refiere a mí? ¿No iba a expulsarlas Él?

¡En efecto! Va a expulsarlas Él... a través de mí.

Dios da pan a las aves, pero no se lo lleva al nido.

Si das a alguien algo que puede conseguir por sí mismo, no lo estás ayudando, lo estás volviendo inútil.

¿Por qué Dios no resuelve este problema?

Porque ese problema está arreglando determinados aspectos de tu vida.

Asaf, célebre músico del tiempo de David, levita y uno de los directores de la música del templo, además de autor de doce de los Salmos (el Salmo 50, y también del 73 al 83), enfrentó momentos difíciles y situaciones de desconcierto. Mira cómo lo explica: «Traté de comprender esto, pero me fue muy difícil. Solo cuando entré en el santuario de Dios comprendí» (Salmo 73:16-17, DHH)

Hay cosas que adquieren sentido cuando las abordamos dentro del santuario de Dios. *La proximidad con Dios lo simplifica todo. Me sana de mis fracasos... y también de mis triunfos.*

Cuando me acerco a Él cargando mi fracaso, percibo que la sombra del error se disipa bajo la luz de su mirada. Cuando me acerco a Él portando mis triunfos, su gloria coloca de nuevo mis pies sobre la tierra para evitar que el éxito me mate.

Porque es posible morir de éxito. Los triunfos tienen un alto componente etílico que se sube al cerebro, nubla la visión y perturba la mente. Es importante que después de ingerir un triunfo sepamos digerirlo adecuadamente, y esa digestión se hace mejor pegados al costado de Cristo. A su lado se alcanza el equilibrio;

las medallas se caen del pecho y las condecoraciones se derriten como si fueran cera. ¿Quién puede pretender brillar al estar junto al sol?

¿ROPAS RAÍDAS EN LA CASA DEL REY?

Entró a la casa del rey debajo de la tesorería, y tomó de allí trapos viejos y ropas raídas y andrajosas, y los echó a Jeremías con sogas en la cisterna.

JEREMÍAS 38:11

Mientras leía el libro de Jeremías, mis ojos se detuvieron en este versículo. Me sorprendió mucho que en la casa del rey hubiera «trapos viejos y ropas raídas».

Sí, entre los tesoros reales también hay ropa andrajosa, desechada y raída. Lo segundo que atrajo poderosamente mi atención fue ver que el destino de esa ropa fuera descender a la cisterna para rescatar al profeta.

No sé si me explico, estoy utilizando el estilo metafórico para referirme a personas que no buscan posiciones relevantes, sino que están a la absoluta disposición de quienes sufren, con el ánimo de ayudarles. Yo los llamo «los tesoros humildes de la casa del Rey».

El eunuco fue enviado por el rey, junto con treinta hombres por si había resistencia de quienes arrojaron a Jeremías a la cisterna. Pero una vez frente al pozo, lo que descendió a la cisterna no fueron los rudos soldados, sino las raídas prendas. Descender a la cisterna fue cosa de los trapos andrajosos.

No se vuelve a hablar de esa ropa nunca más, pero se sigue hablando del profeta. Amo a los exploradores de cisternas que buscan servir a Dios. No codician cargo, sino que se hacen cargo de los trabajos subterráneos. Nunca los verás en los pedestales, sino en las

199

trincheras. Son héroes anónimos en la tierra, pero respetados en el cielo. Desconocidos aquí, reconocidos allí.

Anhelo ver personas así en la iglesia. *Ruego a Dios que mi iglesia no sea un lugar de entretenimiento, sino un campo de entrenamiento; sin espectáculos que asombren, sino con tiempos que transformen; enfocada a la esencia mucho más que a la apariencia.*

Dios permita que cuando llegue el tiempo de descender a las cisternas mantengamos no solo la disponibilidad, sino también la integridad. No condicionemos nuestra integridad a la situación que nos rodea. Adán pecó en el paraíso, Jesús se mantuvo íntegro en el desierto. José fue fiel a Dios en la cárcel y en el palacio.

No intentes convencer al mundo de tu valía, simplemente sé tú, en tu mejor condición y a total disposición, lo demás llegará por sí solo.

Preguntaron a un sabio maestro:

—¿Qué es el veneno?

—Cualquier cosa en una dosis mayor de lo que necesitamos es veneno —respondió—. Puede ser el poder, la pereza, la comida, el ego, la ambición, el miedo, la ira, o lo que sea...

—¿Qué es el miedo? —inquirieron.

—Es la no aceptación de la incertidumbre —explicó—. Si aceptamos la incertidumbre, se convierte en aventura.

—¿Qué es la envidia?

—Es la no aceptación de la bienaventuranza en el otro. —Y añadió—: Si la aceptamos, se torna en inspiración.

—¿Qué es la ira?

—Es la no aceptación de lo que está más allá de nuestro control. Si lo aceptamos, se convierte en tolerancia.

—¿Qué es el odio?

—Es la no aceptación de las personas como son. Si las aceptamos incondicionalmente, a continuación, se convierte en amor.

—¿Qué es la madurez espiritual? —preguntaron entonces.

Y en esta respuesta el maestro se explayó:

1. Es la situación en la que dejamos de intentar cambiar a los demás y nos concentramos en cambiarnos a nosotros mismos.

2. Cuando aceptamos a las personas como son.

3. Cuando entendemos que todos están acertados según su propia perspectiva.

4. Es ser capaz de no tener «expectativas» en una relación, y dar de nosotros mismos por el placer de dar.

5. Es cuando comprendemos que lo que hacemos, lo hacemos para nuestra propia paz.

6. Es cuando uno deja de intentar demostrar al mundo lo inteligente que es.

7. Es dejar de buscar la aprobación de los demás.

8. Es cesar de compararnos con los otros.

9. Es cuando estoy en paz conmigo mismo.

10. Es cuando somos capaces de distinguir entre «necesitar» y «querer», y somos capaces de dejar ir ese querer. Por último y lo más importante:

11. ¡Se gana la madurez espiritual cuando dejamos de vincular la «felicidad» a las cosas materiales!

CINCO PIEDRAS

*Entró a la casa del rey debajo de la tesorería, y **tomó de allí trapos viejos y ropas raídas y andrajosas**, y los echó a Jeremías con sogas en la cisterna.*

JEREMÍAS 38:11, énfasis añadido

Querría reflexionar un poco más en el hecho, inspirador para mí, de encontrar ropas raídas en la casa del rey. Las ropas raídas y andrajosas son de todo menos inútiles, pues tienen tras de sí una larga trayectoria de arropar, abrigar y proteger vidas.

Las impecables sí que pueden ser inútiles, pues ninguna ropa se desgasta puesta de exposición en una vitrina. Son las que se enfrentan a las inclemencias las que sufren desperfectos.

Me tomaré la licencia de saltar desde Jeremías hasta el pastor y rey David, porque estas prendas desgastadas me han hecho pensar en las piedras de río con las que el frágil pastorcito derribó al gigante Goliat.

Tomó [David] su bastón, fue al río a escoger cinco piedras lisas, y las metió en su bolsa de pastor. Luego, honda en mano, se acercó al filisteo.

1 SAMUEL 17:40, NVI

Las piedras más lisas eran las que más tiempo habían soportado el embate del agua. Hay procesos que parecen destruirnos, pero en realidad nos construyen. No nos deforman, sino que nos dan forma.

Por lo tanto, hoy pondré sobre la mesa una pregunta que con frecuencia me ha perturbado:

¿Por qué David tomó cinco piedras para matar a Goliat?

Iba a enfrentarse a un enemigo de características impresionantes. Se estima que la altura de Goliat se aproximaba a los tres metros, pero lo imponente no era solo su altura, sino su corpulencia. Se trataba de un soldado rigurosamente entrenado y su físico correspondería al de un atleta musculoso. Respecto a su fortaleza, baste decir que la cota de malla que cubría su torso y sus brazos pesaba veintidós kilos. La punta de la lanza, solo la punta, tenía un peso de once kilos.

Miremos ahora a David, un muchacho de unos dieciséis años, pertrechado con un cayado de pastor y una honda con la que disparaba piedras. Probablemente llevaba también una vara de madera en cuyo extremo había insertado pedazos de piedra afilada.

No llevaba armadura, sino una especie de mandil de piel de oveja.

Obviamente, la lucha se presentaba desigual. Imagino que cualquiera que mirase la escena lamentaría el destino que aguardaba a aquel muchacho ingenuo que caminaba en dirección al gigante.

Quienes conocemos la historia y su desenlace sabemos que el jovencito contaba con un arma secreta para el desigual combate: su fe en Dios.

Hablemos de esa arma secreta. ¿Una fe verdadera habría requerido de cinco piedras? Ya que enfrentamos la batalla amparados en la plena certidumbre, ¿no habría sido suficiente con una sola munición? El «comité de objetores» cuestiona su fe en Dios o en su puntería, argumentando que un hombre de fe solo hubiera necesitado una piedra.

Por otro lado, ¿pensaba David que de haber fallado el primer disparo habría tenido tiempo de recargar la onda sin antes ser ensartado por la lanza de Goliat?

Se ha especulado mucho acerca del motivo por el que David hizo acopio de municiones para enfrentarse al gigante. Permite que detalle algunas de las hipótesis que se barajan.

En la Biblia, el número cinco simboliza la gracia de Dios.

Fueron cinco, dicen, porque ese número simboliza la gracia de Dios, y fue en esa gracia en la que David se amparó para vencer al gigante. El número cinco en la Biblia es significativo, porque el ser humano, la corona de su creación, tiene cinco dedos tanto en cada mano como en cada pie, y cinco sentidos.

Las instrucciones dadas por Dios para construir un «tabernáculo en el desierto» se centraron en el número cinco, todo estaba hecho de cinco componentes, como cinco cortinas, cinco pilares, cinco barras... Ese número prevalecía en el lugar donde el cielo tocaba la tierra, en un acto de gracia incomprensible.

También había cinco ingredientes en el aceite santo que se necesitaba para santificar el tabernáculo.

El simbolismo de la gracia de Dios se vio cuando Jesús tomó cinco panes y los transformó en la cantidad suficiente para alimentar a cinco mil personas (Mateo 14:17). La indicación directa del simbolismo del número cinco es, por ejemplo, el apóstol Juan, quien escribió cinco libros en los que destaca la gracia de Dios y la vida eterna.

La ley de Dios consta de cinco libros, que se llaman Pentateuco, donde destaca la ley. Sin embargo, frente a ellos aparece el Pentateuco del Nuevo Testamento, que consta de cuatro Evangelios más el libro de los Hechos, donde se ponen de relieve la gracia y el favor de Dios para la humanidad.

Los Diez Mandamientos se dividen fácilmente en dos partes de cinco mandamientos cada una. La primera está dedicada a las relaciones entre la persona y Dios, y la segunda se enfoca en la manera como las personas tratan a sus congéneres. En cambio, ¿no estábamos hablando de la gracia? ¿Acaso son los mandamientos una muestra de la gracia de Dios? ¿No representan más al juicio que a la gracia?

Error.

Los mandamientos no fueron dados para nuestra condenación, sino para mostrarnos el camino al cielo a la vez que nos enseñan cómo vivir en la tierra. El cumplimiento de los mandamientos trae bendición, paz y prosperidad, por lo que son una clara manifestación de la gracia divina.

Como podrás comprobar, pudiera ser que esta hipótesis de que David se armó de cinco piedras como símbolo de ir cubierto por la gracia de Dios no sea algo descabellado.

Sin ánimo de establecer dogma de esto, quiero apoyarme en ello para sugerirte que nunca enfrentes ninguna batalla sin tener la certeza de ir cubierto por su gracia. Y recuerda, además, que su gracia nos sostiene en los peores momentos de la vida: «Pero él me dijo: *"Te basta con mi gracia, pues mi poder se perfecciona en la debilidad"*. *Por lo tanto, gustosamente haré más bien alarde de mis debilidades, para que permanezca sobre mí el poder de Cristo»* (2 Corintios 12:9, CST, énfasis añadido).

En todo caso, y regresando a Jeremías, estoy convencido de que la gracia de Dios lo sostuvo en sus montes y sus valles. En sus cumbres y sus cisternas. Su gracia nos sostiene y sostendrá SIEMPRE.

¿DEMASIADO GRANDE?

Vino, pues, palabra de Jehová a mí, diciendo: Antes que te formase en el vientre te conocí, y antes que nacieses te santifiqué, te di por profeta a las naciones. Y yo dije: ¡Ah! ¡Ah, Señor Jehová! He aquí, no sé hablar, porque soy niño. Y me dijo Jehová: No digas: Soy un niño; porque a todo lo que te envíe irás tú, y dirás todo lo que te mande. No temas delante de ellos, porque contigo estoy para librarte, dice Jehová.

JEREMÍAS 1:4-8

Ni puedo ni quiero evitarlo, este episodio que relata el llamamiento de Jeremías me traslada de nuevo junto al pastorcillo David, cuando estaba enfrentando un momento crucial en el valle de Ela. Jeremías mira a los ojos de la misión que se le encomienda y ve frente a sí un cometido de tamaño monstruoso y que se le antoja imposible. Al igual que en este caso, en el valle de Ela tenemos a un muchacho frágil en apariencia, que está mirando a los ojos de un gigante:

Del campamento filisteo se adelantó un campeón llamado Goliat de más de tres metros de estatura. Llevaba un casco de bronce en la cabeza y vestía una coraza de mallas también de bronce, que pesaba unos cincuenta y cinco kilos. Llevaba en los pies botas de bronce y una jabalina del mismo metal a la espalda. El asta de su lanza era como un madero de telar y su punta de hierro pesaba seiscientos siclos. Delante de él iba su escudero. Goliat se detuvo y gritó a los escuadrones israelitas:

—¿Cómo es que salís en orden de batalla? Yo soy el filisteo y vosotros los servidores de Saúl. Elegid a uno que venga hasta aquí. Si es capaz de pelear conmigo y me vence, nosotros seremos vuestros esclavos. Pero si gano yo y lo venzo, vosotros seréis nuestros esclavos y nos tendréis que servir.

1 SAMUEL 17:4-9, BLP

Jeremías enfrentaría su ministerio cargando con sus limitaciones, pero con grandes dosis de la gracia divina, y eso sería suficiente.

David lo hizo con esa misma arma: una fe inquebrantable en la gracia de Dios.

Pero seguimos respondiendo a la pregunta: ¿por qué la fe se aprovisionaría de cinco piedras? ¿No era suficiente con una?

Ya hablamos de que el número cinco apunta a la gracia de Dios. Una hipótesis más es la siguiente: en 2 Samuel 21 se habla de otros cuatro gigantes, al parecer hermanos de Goliat. «Estos cuatro eran descendientes de los gigantes en Gat, los cuales cayeron por mano de David y por mano de sus siervos» (2 Samuel 21:22). Según esta idea, cuando David enfrentó a Goliat, tenía la fe de que con una sola piedra iba a vencerlo y las cuatro restantes serían destinadas a los hermanos de Goliat, aunque en ese momento no las utilizó. Cada uno de esos cinco matones era defensor de uno de los cinco reinos filisteos. Podemos imaginarnos que estos gigantes, siendo parientes de Goliat, se jactaban como él, vestían como él y probablemente olían como él.

Cuando David tomó cinco piedras, pero solamente usó una, estaba enviando un mensaje a los filisteos, especialmente a sus líderes y a los hermanos de Goliat. El mensaje era: «Esto que le sucede a su héroe Goliat, pronto les pasará a todos ustedes. No con armas, ni con fuerza, no por medio del terror venceremos, sino con Dios, nuestro escudo y nuestra fuerza».

La clave es que David venció al gigante porque Dios estaba con él, mientras que Goliat solo contaba con sus fuerzas. Años después, David se convirtió en rey y tuvo que enfrentar otro tipo de gigantes, porque los adversarios gigantes nunca se acaban. Por eso, cada vez que enfrentemos uno, y por mucha fe que tengamos, debemos hacer acopio de más de una piedra, pues es probable que lleguen otros más. Algunos se refieren a esto con el dicho: «Las desgracias nunca vienen solas», y un dicho que es popular en España: «Al perro flaco todo se le vuelven pulgas». Pero con determinación y dependiendo de la gracia de Dios, saldremos vencedores de tantas luchas como quieran encadenarse.

El temor me hace ver que Goliat es demasiado grande como para vencerlo. La fe me hace ver que es demasiado grande como para fallar.

Es una diana tan grande que será fácil alcanzarla.

La duda se enfoca en las negras nubes y en el posible diluvio. La fe mira el mismo cielo, pero ve el arco iris de la promesa.

¿Y tú, cómo ves tu gigante? ¿Demasiado grande para vencerlo o demasiado grande para fallar?

UTILIZA LO QUE DIOS TE DIO

Vino, pues, palabra de Jehová a mí, diciendo: Antes que te formase en el vientre te conocí, y antes que nacieses te santifiqué, te di por profeta a las naciones. Y yo dije: ¡Ah! ¡Ah, Señor Jehová! He aquí, no sé hablar, porque soy niño. Y me dijo Jehová: No digas: Soy un niño; porque a todo lo que te envíe irás tú, y dirás todo lo que te mande. No temas delante de ellos, porque contigo estoy para librarte, dice Jehová.

JEREMÍAS 1:4-8

M e mantengo en la necesidad de aproximar a estos dos joven-
citos: Jeremías y David, para ver la forma maravillosa en
que Dios mostró su majestad a través de instrumentos humanos tan
sencillos como ellos.

La clave que hoy quiero destacar es: utiliza lo que Dios te dio,
pues Él te diseñó de manera perfecta para llevar a cabo sus planes
en tu vida. Si Dios te comisiona para algo, es porque te diseñó para
ello.

Después Saúl le dio a David su propia armadura [...].

*—No puedo andar con todo esto [...]. No estoy acostumbrado a
usarlo.*

*Así que David se lo quitó. Tomó cinco piedras lisas de un arroyo
y las metió en su bolsa de pastor.*

1 SAMUEL 17:38-40, NTV

Cuando David fue a enfrentarse con el gigante Goliat, des-
echó la armadura del rey Saúl y en su lugar vistió su atuendo de
pastorcito.

Esto nos enseña una de las más grandes lecciones que podamos
aprender en la vida: debo utilizar las herramientas que Dios me ha
dado. Debo ser yo mismo y enfrentar la vida pertrechado con el
equipo que Dios me dio.

David sabía usar la honda y con eso se dirigió al gigante.
Quiero recapitular en las enseñanzas aprendidas y que expuse en
páginas anteriores:

- Varias veces me he preguntado: ¿Por qué tomó cinco piedras?
  ¿Dudaba que Dios le ayudaría a eliminar al gigante con la primera? La respuesta llegó cuando leí que Goliat tenía cuatro hermanos. ¡Tomó cinco piedras porque pensaba eliminar a cinco
  gigantes! ¡La fe de David le hizo tomar munición para acabar, no
  solo con Goliat, sino con toda la familia de gigantes!
- Todos decían: Goliat es demasiado grande como para vencerlo.

Pero David dijo: Goliat es demasiado grande como para fallar. Es una diana bien grande y no fallaré.

• La clave radicó en que todos miraron primero al gigante y luego a ellos mismos... Entonces se vieron en desventaja. David miró primero a Dios y luego al gigante, y se supo vencedor.

David le creyó a Dios y venció al gigante. Jeremías le creyó a Dios y desarrolló el ministerio encomendado. *Lo que quiero destacar es la gran diferencia entre «Sé A quién he creído» y «Sé EN quién he creído».* Se cree EN algo, pero se cree A alguien.

Para creer EN, debo conocer conceptos; para creer A, debo conocer personas, debo conocerle a Él para creerle a Él.

Pero los que confían en el Señor tendrán siempre nuevas fuerzas y podrán volar como las águilas; podrán correr sin cansarse y caminar sin fatigarse.

ISAÍAS 40:31, DHH

NI UNO SOLO

Palabra que vino a Jeremías acerca de todo el pueblo de Judá en el año cuarto de Joacim hijo de Josías, rey de Judá, el cual era el año primero de Nabucodonosor rey de Babilonia; la cual habló el profeta Jeremías a todo el pueblo de Judá y a todos los moradores de Jerusalén, diciendo: Desde el año trece de Josías hijo de Amón, rey de Judá, hasta este día, que son veintitrés años, ha venido a mí palabra de Jehová, y he hablado desde temprano y sin cesar; pero no oísteis.

JEREMÍAS 25:1-3

Jeremías no abandonó su ministerio, aunque en diversos momentos le sobraron razones para hacerlo. Se estima que

209

el ministerio de este profeta no encontró respuesta por parte de quienes lo recibieron. Algunos estudiosos de la vida de Jeremías afirman que NI UNO SOLO respondió al mensaje. Sin duda, eso es algo desalentador en extremo. Definitivamente, la actitud de Jeremías despierta mi admiración y me mueve a una profunda reflexión: el aparente fracaso no debe desanimarme, pues hay cosas que ocurren en el subsuelo, sin que sea evidente ningún síntoma.

Hoy, el ministerio de este profeta aparentemente fracasado sigue dejando frutos y promoviendo cambios positivos en millones de vidas.

Tal vez tu ministerio sea tu matrimonio, o tus hijos, o tu iglesia. No abandones, sigue adelante. Sabemos cuántas nueces hay en un nogal, pero no sabemos cuántos nogales puede haber en una nuez cuando esta se somete al proceso con paciencia y perseverancia.

No dejes que tu llama se apague por lo que veas..., ni tampoco por lo que oigas. No desdeñes el consejo y acepta la crítica, pero a la hora de fijar tu puntuación escucha a tu conciencia, ella te susurrará si hiciste lo que debías y todo lo bien que pudiste, y por descontado, ni siquiera valores la opción de comprar la aprobación de terceros, porque de hacerlo perderás uno de los dones más preciados que Dios nos concedió: la libertad.

Y, sobre todo, fija tu mirada en Dios. No en los resultados que obtengas ni en lo que otros digan o hagan, sino en Dios. Espera en Él, descansa y confía.

Estad quietos, y conoced que yo soy Dios; seré exaltado entre las naciones; enaltecido seré en la tierra.

Salmo 46:10

Un día, corríamos por un parque, pues mi hija había logrado convencerme de que dejara reposar el libro que leía y echase unas carreras con ella. En definitiva, me instó a que no solo cultivase el cerebro, sino también un poco el cuerpo. Incluso recurrió a la cita latina de Juvenal: *Mens sana in corpore sano.*

Así que allí estaba, trotando con todo el estilo posible, que no era mucho, cuando la escuché gritar:

«¡Papá!, ¡mira que pájaro tan bonito hay sobre esa rama!».

Alzar la vista y tropezar fue todo uno. Lejos de ver el pájaro, lo que vi fueron las estrellas, porque terminé literalmente estrellado contra el suelo.

«Pero, papá», mi hija me recriminó después que me ayudó a incorporarme, «para mirar hacia arriba tienes que pararte», dijo, moviendo la cabeza a derecha e izquierda, intentando adoptar un gesto severo mientras contenía la carcajada. «No puedes correr y mirar al cielo a la vez, porque pierdes el equilibrio».

Me sacudí la ropa a manotazos, quitando la tierra y las hierbas que quedaron adheridas a mis pantalones y camisa, e hice lo que me correspondía, lo que nunca debí haber dejado de hacer: sumergirme de nuevo en mis lecturas, con mi espalda dolorida y el amor propio severamente malogrado.

Pero fui incapaz de concentrarme en las páginas del libro, pues las palabras de mi hija no dejaban de resonar en la bóveda de mi mente: «Para mirar al cielo debes parar».

¡Qué verdad tan grande! Es necesario dejar de correr para comenzar a ver, y detener la veloz marcha para levantar la vista.

Estad quietos, y conoced que yo soy Dios; seré exaltado entre las naciones; enaltecido seré en la tierra.

SALMO 46:10

Dios menciona que, para un conocimiento profundo de su persona, se requiere quietud. Todo se resume a sentarnos cada día a sus pies y contemplarlo. Esa observación cambia nuestra vida, afina nuestra visión e inyecta paz en nuestro sistema nervioso central.

Enfócate en Él, y no en los resultados.

Uno de los mejores consejos que he recibido a lo largo de mi vida me lo dio mi viejo y amado pastor: *Si quieres desarrollar un ministerio largo y fructífero, siéntate cada día a los pies de Jesucristo, y cuéntale luego al mundo lo que has visto.*

LAS BENDICIONES DE LA ESPERA

Palabra de Jehová que vino a Jeremías, diciendo: Levántate y vete a casa del alfarero, y allí te haré oír mis palabras. Y descendí a casa del alfarero, y he aquí que él trabajaba sobre la rueda. Y la vasija de barro que él hacía se echó a perder en su mano; y volvió y la hizo otra vasija, según le pareció mejor hacerla.

Entonces vino a mí palabra de Jehová, diciendo: ¿No podré yo hacer de vosotros como este alfarero, oh casa de Israel? dice Jehová. He aquí que como el barro en la mano del alfarero, así sois vosotros en mi mano, oh casa de Israel.

JEREMÍAS 18:1-6

Este pasaje del libro de Jeremías me inspira siempre que lo leo. Me hace aterrizar, posar mis pies en el suelo y recordar que somos simplemente vasijas de barro. El apóstol lo dijo con gran claridad y elegancia: «Pero este tesoro lo guardamos en vasijas de barro para que conste que su extraordinario valor procede de Dios y no de nosotros» (2 Corintios 4:7, BLP)

Hay dos elementos en la escena que dibuja este versículo: un tesoro y un depósito que lo contiene. El tesoro es el elemento divino, la vasija es el factor humano. Toda la gloria le corresponde a Dios, quien en su gracia nos eligió para ser portadores de su inmensa riqueza. Nunca deberíamos exaltarnos ni pavonearnos de ser depósitos de barro.

Sin embargo, esta figura del alfarero me inspira otro pensamiento: soy vasija de barro y como tal es fácil que en el fragor de la actividad aparezcan grietas en mi vida.

Estamos participando en una clara confrontación entre las dos grandes superpotencias: el bien frente al mal; la luz contra las tinieblas; un principado contra un rey. Y conviene recordar que en una guerra no hay soldado sin heridas, por lo que es lógico que nuestra vida se dañe con los golpes recibidos. Esa es la razón de que sea tan importante escuchar la sugerencia de Dios: «Levántate y ve a casa del alfarero».

Allí, en la quietud de su taller, nuestra vida se ordena y las heridas sanan. Su mano amorosa restaura la vasija quebrada. Sutura cada herida con dedos de amor y con hilo de oro, y de nuevo nos vemos dispuestos y alistados para la batalla.

Es vital acudir a la intimidad de su taller, antes de salir a la actividad de la obra.

¿Qué valores encuentro en aquietarme en su taller?

1. Encuentro salud y fortaleza.

Porque así dijo Jehová el Señor, el Santo de Israel: **En descanso y en reposo seréis salvos; en quietud y en confianza será vuestra fortaleza.**

ISAÍAS 30:15, énfasis añadido

El activismo agota las reservas emocionales y eso afecta radicalmente a nuestra salud. La constante actividad sin tiempos de reflexión y de reposo nos descentra, desafina y drena nuestras defensas físicas y emocionales.

No hay vida más vacía que la que está llena de actividad desde la mañana hasta la noche.

2. Encuentro frescura espiritual.

¿Por qué te abates, oh alma mía, y te turbas dentro de mí? ***Espera en Dios; porque aún he de alabarle.***

SALMO 42:5, énfasis añadido

Con los tiempos de quietud resurge el deseo de alabarle. Se renueva la pasión por lo espiritual. Vuelvo a disfrutar de momentos de calidad con Dios. Cuando me enfoco en servirle y me olvido de amarle, el servicio se convierte en duro trabajo y el privilegio se transforma en carga. La actividad sin intimidad apaga el amor.

Ya no los llamo siervos [...]. Los llamo mis amigos.

JUAN 15:15, DHH

Eso les dijo Jesús a sus discípulos.

Recuerda:

El siervo se orienta a la producción; el amigo a la comunión.
El siervo se orienta a la actividad; el amigo a la intimidad.
El siervo se orienta a la agenda; el amigo a la cita.

La palabra «amigo» se deriva de «amor», y el amor requiere de tiempos de calidad y momentos de intimidad.

Es vital acudir a la conversación privada y al idilio espiritual. Es evidente cuando el servicio cristiano está impregnado de comunión con Dios. El agua que bebemos de la vasija que salió del taller del alfarero tiene un sabor especial.

EN LA CASA DEL ALFARERO

Palabra de Jehová que vino a Jeremías, diciendo: Levántate y vete a casa del alfarero, y allí te haré oír mis palabras. Y descendí a casa del alfarero, y he aquí que él trabajaba sobre la rueda. Y la vasija de barro que él hacía se echó a perder en su mano; y volvió y la hizo otra vasija, según le pareció mejor hacerla.

Entonces vino a mí palabra de Jehová, diciendo: ¿No podré yo hacer de vosotros como este alfarero, oh casa de Israel? dice Jehová. He aquí que como el barro en la mano del alfarero, así sois vosotros en mi mano, oh casa de Israel.

JEREMÍAS 18:1-6

Ya el solo inicio de este mensaje que traslada Jeremías me mueve a una profunda reflexión:

Palabra de Jehová que vino a Jeremías, diciendo: Levántate y vete a casa del alfarero, y allí te haré oír mis palabras.

JEREMÍAS 18:1

Como escritor, y sobre todo como lector, percibo en este breve párrafo lo que puede ser una clara redundancia, una saturación semántica: «*Palabra* de Jehová que vino a Jeremías, diciendo: Levántate y vete a casa del alfarero, y allí te haré oír mis *palabras*» (énfasis añadido).

Según el diccionario de la RAE, redundancia es: «Repetición de sonidos, palabras o construcciones, para expresar una idea o concepto que ya se ha manifestado con otras unidades semejantes».

¿Acaso no comienza el texto diciendo que «vino palabra de Dios»?

¿Por qué le dice que si acude a casa del alfarero le hará oír su palabra?

¡Ya la estaba oyendo!

¿Es posible que este versículo contenga redundancia?

O tal vez contenga una clave.

Palabra de Dios vs. Voz de Dios

Un estudioso de la Biblia me comentó que los códices más antiguos apuntan a que la construcción de este versículo intenta decir

215

lo siguiente: «*Palabra* de Dios que vino a Jeremías diciendo: Acude a casa del alfarero y allí te haré oír mi *voz*» (énfasis añadido).

Esto me invita a pararme y reflexionar.

No es lo mismo escuchar la palabra que recibir la voz. La palabra puede ser pronunciada por muchos. La voz solo puede provenir de sus labios.

Cuando por razones del ministerio viajo sin que mi esposa me acompañe, ella y yo hablamos a diario y en ocasiones nos mandamos textos a través de las aplicaciones del teléfono. Mil veces prefiero escuchar el calor de su voz a leer su palabra escrita en un mensaje.

Sin embargo, nada es comparable al reencuentro, cuando no solo escucho su voz, sino que veo moverse la compuerta de sus labios.

Es maravilloso leer y escuchar su Palabra, pero hay un escalón más en la intimidad con Dios, y es ese tiempo sagrado en que la palabra se convierte en voz. El *logos* se convierte en *rhema*. Lo escrito para todos se torna en un mensaje íntimo y privado para mí.

Eso ocurre en la intimidad del taller del alfarero.

Descendí a casa del alfarero

Y descendí a casa del alfarero, y he aquí que él trabajaba sobre la rueda.

JEREMÍAS 18:3

¿No te parece llamativo que para acudir a la casa del alfarero fuera necesario descender?

En el caso de Jeremías, las razones eran orográficas. El profeta vivía en la parte alta de Jerusalén, mientras que el reconocido alfarero tenía su hogar y taller en la parte baja de la ciudad, por lo que se hacía necesario descender por la ladera del monte.

En el ámbito espiritual, la casa del alfarero siempre se encuentra abajo. Quien quiera acudir al taller del sublime Artesano debe estar dispuesto a *bajar* porque la sencillez y la humildad son valores esenciales en el reino de Dios. Él sigue buscando depósitos extraordinariamente sencillos para mostrar tesoros extraordinarios. El camino a la grandeza es descendente y la visita al taller del Alfarero requiere bajar.

El proceso del alfarero

Durante un viaje ministerial a la bellísima Isla del Encanto, Puerto Rico, la persona que me asistía me habló de un alfarero que vivía en uno de los pueblos del interior.

—Trabaja el barro con los procedimientos más artesanos —me aseguró.

Por supuesto que le rogué la posibilidad de visitar a ese hombre y conocer su taller.

Aquel alfarero nos recibió con deliciosa amabilidad y nos brindó una demostración que me introdujo de cabeza en el capítulo 18 del libro de Jeremías.

Apenas hubimos entrado se dirigió a un rincón de su pequeño taller, donde se amontonaba la arcilla. Introdujo su mano y la llenó de aquel barro.

Lo primero que hizo fue colocar la arcilla en el suelo y pisarla largo rato con ambos pies.

—¿Por qué pisa el barro? —pregunté, bastante sorprendido.

—Si no hago esto, el barro no será moldeable —me dijo. Y enseguida me explicó—: Este procedimiento se llama "adobar el barro" y es imprescindible. La arcilla no puede estar sobre mi banco de trabajo sin estar antes bajo mis pies.

¿Has visto a alguien alzado por la mano de Dios? Debes saber que primero estuvo a sus pies.

Lo segundo que hizo fue colocar el barro sobre la rueda.

Esta giraba veloz y su mano lo moldeaba. Aquí llamó mi atención el recipiente de agua que tenía al lado derecho. Esa mano presionaba, estiraba y doblegaba el barro, pero cada cinco

217

segundos se empapaba en agua con la que humedecía y suavizaba el duro proceso.

Vi la imagen del Espíritu Santo impregnando el febril trabajo y empapando el barro. Nunca falta su gracia en nuestros procesos. El ritmo puede ser mareante y las circunstancias vertiginosas, pero el agua de su Espíritu suaviza y llena de vida nuestro barro.

Lo tercero fue que su mano iba creando un vacío en la arcilla. La mano del alfarero vaciaba y vaciaba a medida que el cántaro tomaba forma.

—¿Cuánto vacío debe crear en la vasija? —quise saber.

—Tanto como luego quiera llenarla —me dijo con el tono de quien dice una obviedad. Y añadió—: El vacío dependerá del tamaño que quiera dar al recipiente. Cuanta más capacidad quiero que tenga, más vacío debo crear.

¿Acusas determinadas pérdidas en tu vida? Cuando Dios vacía es porque va a llenar de algo nuevo. Cuando vacía mucho es porque llenará más. Él nunca borra si no es para escribir algo nuevo.

Y por último llegó el momento del horno.

—Aléjense todo lo que puedan —nos advirtió el alfarero—. Solo me acercaré yo, y lo haré protegido con este grueso mandil.

El artesano, bien guarecido, tomó una pala de madera de mango muy largo. Cuando abrió la puerta del horno, una vaharada de calor nos alcanzó a pesar de la distancia, haciendo que nuestro rostro ardiera. En el extremo de la pala de madera estaba el cántaro de barro, que con sumo cuidado introdujo al horno, cerrando después la puerta.

—¡Es espantoso el calor ahí adentro! —exclamé.

—Mil cuatrocientos grados centígrados —precisó el artesano.

—¿Es necesaria tanta temperatura? —dije, me parecía un infierno.

—Si bajo la temperatura, el barro se quiebra y todo el proceso anterior no habrá servido de nada —aseguró.

—¿Cuánto tiempo de horno es preciso? —pregunté; sentí que, si aquel barro pudiese hablar, gritaría pidiendo misericordia.

—Hasta que el barro canta —respondió. Como mi gesto de sorpresa fue evidente, el alfarero explicó—: Cuando saco la vasija le doy un golpe con mi dedo. Si el sonido que emite es similar a un bronco quejido, debo introducirla de nuevo, le falta tiempo de horno. Cuando el proceso ha terminado, el barro responde a mi golpe con una nota musical. Los alfareros decimos que "el barro canta". Entonces termina el proceso.

¿Quieres saber cuándo alguien se ha graduado del proceso en el taller del alfarero?

Cuando responde con adoración a los golpes de la vida.

Cuando convierte las ruinas del problema en altar de adoración, el proceso ha terminado y la vida de glorioso servicio está a punto de comenzar.

Epílogo

A juzgar por la descripción profesional que me dieron del cardiólogo, imaginé en él los rasgos de un médico acostumbrado a sostener corazones palpitantes en su mano: rostro inteligente, mirada aguda y penetrante, porte altivo, palabra brillante, afilada e ingeniosa.

Por eso me ha impresionado verlo hoy. Nada que ver con todo lo anterior: es, sobre todo, un ser humano.

El doctor abre una puerta que conduce a su despacho. Resulta ser una pieza no mucho mejor amueblada que la habitación de un hotel económico. Destaca el escritorio blanco, lleno de papeles y con el grueso vademécum médico en uno de sus extremos. Tras la mesa hay un sillón tapizado en cuero negro bastante gastado, y al frente dos sillas de confidente, también acabadas en algo parecido a piel negra. Sobre las paredes, algunas baldas emulan a una estantería.

No me gusta el olor, aunque no es muy diferente del que predomina en todo el hospital. Me recuerda desagradablemente a los procesos médicos, en especial a los que no terminan bien... Creo que mi sensación es premonitoria.

Me acerco a una de las sillas, pero espero a que él me dé instrucciones.

—Siéntese por favor, siéntese —me dice en un tono cariñoso pero insistente mientras se acomoda en su sillón.

Nos sentamos cerca el uno del otro, tan solo con la mesa de por medio. Lo miro como diciendo: «Ahora puede empezar a hablar». Él tiene la palabra y yo espero con comprensible impaciencia que hable. Sin embargo, agacha la cabeza y así la mantiene, como si examinara con detenimiento sus zapatos.

Solo oigo la respiración de su pecho inclinado hacia delante. Es una respiración fatigosa y forzada.

Finamente alza los ojos y sus gafas miran fulgurantes. Sin querer, recibo el golpe vehemente de esta mirada que penetra en mi piel como una aguja. Tiene la frente perlada de sudor, se quita las gafas empañadas y su rostro adquiere enseguida un aspecto diferente, como más desnudo y pobre, igual que ocurre a menudo con los cortos de vista. Sus ojos aparecen más apagados y cansados por el cristal de aumento. Adivino también, por el borde de sus párpados ligeramente inflamados, que el doctor duerme poco y mal.

De pronto me veo sentado no frente al todopoderoso cardiólogo, sino ante un anciano afligido. Y ahora, carraspeando, empieza a hablar:

—El tiempo de ella… —la voz enmohecida no quiere obedecerle, pero sentencia por fin—: Su tiempo se ha agotado. No hay nada que podamos hacer.

—¿Mi madre…? —Mi garganta retiene el final de la frase. ¿Quién puede formular una pregunta así? Pero la necesidad de respuestas se impone—: ¿Mi madre… está muriéndose?

Agacha el doctor su cabeza buscando de nuevo la puntera de sus zapatos.

Su silencio me acerca la respuesta. La peor de las respuestas.

He pasado la tarde con ella, hasta que tras la ventana de la habitación saluda la noche.

—No ocurrirá hoy —aventuró el doctor—, pero su reloj se está deteniendo.

Al salir del hospital, el aire sigue estancado, quieto y sofocante. Desde el este empiezan a cubrir el cielo nubes oscuras y cargadas, ocultando la luna a hilachos, que desfallece amarillenta. La mitad del firmamento está ya completamente oscurecida y la compacta y metálica masa avanza como una gigantesca tortuga negra, surcada a veces por relámpagos lejanos, y tras ella algo gruñe a cada fogonazo, como un animal irritado.

En aquel momento, un relámpago, azul como una vena, rasga el horizonte oscurecido y tras él un trueno suena ronco y pesado. La tormenta se acerca perceptiblemente.

Con un estrépito como de pesados cajones negros, gruesos nubarrones se congregan sobre las copas de los árboles que tiemblan inquietas, iluminadas a veces por la pálida rúbrica de un rayo. El aire, húmedo y agitado por bruscas ráfagas de viento, huele a quemado.

Camino lentamente. La ciudad y las calles presentan un aspecto diferente que unos minutos antes, cuando todavía no era consciente de que todo se acababa.

El viento silba, ulula, ruge alrededor, pero yo no me doy cuenta de nada. Para mí no hay cielo, ni nubes ni lluvia, en la tierra solo existimos ella y yo.

De repente llega esa última y decisiva ráfaga de viento que precede siempre a una tempestad furiosa. Los árboles se doblan con tanta fuerza que la madera cruje y chirría. Los vientos arrojan sus henchidos proyectiles y una enorme nube de polvo me envuelve en su espiral.

Solo soy consciente de que llegó la tormenta cuando aciertan en mi rostro las primeras gotas que tamborilean, estallan y resuenan con un chisporroteo. Corro los últimos cuarenta o cincuenta pasos ya bajo un chaparrón fragoroso. Precisamente cuando llego empapado a la puerta de mi automóvil, cae un rayo que ilumina la tormentosa noche en toda la extensión de la calle. Tras él retumba el trueno, como si el cielo entero se viniese abajo. El rayo debió de caer muy cerca, pues la tierra tiembla y los cristales de mi automóvil tintinean, como si se hubieran roto.

A pesar de que mis ojos han quedado cegados por el repentino deslumbramiento, no tiemblo tanto como diez minutos antes, cuando tú, mamá, llevaste de nuevo mis manos a tu rostro y las besaste.

Fue el aroma de despedida que impregnó la habitación lo que me hizo estremecer. Tu «hasta mañana, hijito» parecía apuntar no a la siguiente alba, sino al eterno amanecer en que nos reuniremos de nuevo.

Aquel toque fue como un baño de agua tibia. Sentí que me abrazabas todo entero en ese trocito de mí que sostenías entre tus manos.

Aún hoy, meses después, perdura ese abrazo. La orfandad quiere impregnar de amargor el paladar de mi alma, pero hay demasiados recuerdos dulces que lo impiden. Mis manos desprenden aún el calor que las tuyas dejaron. Mis ojos retienen el amoroso brillo de tu mirada. Si miro hacia atrás te veo amándome, si miro hacia adelante te veo amada y resguardada en los brazos de Dios.

¿Qué más se puede pedir?